我妻佳

金融地獄を生き抜け

世界一簡単なお金リテラシーこれだけ

GS
幻冬舎新書
745

はじめに

金融教育と、投資の「自称中級者」の罠

みなさんは「金融教育」という言葉を知っていますか？

最近、ニュースなどでもよく耳にするので、聞いたことぐらい、あるのではないでしょうか。これからの日本人はどうやらもっと金融について勉強しないといけないらしい、と思っている人もいるでしょう。

それは必ずしも間違いではありませんが、私は、みなさんが身構えるほど、必要な金融教育のボリューム（量）は多くないと思います。

まず、図1のグラフを見てください。

これは、金融広報中央委員会というところが実施したリサーチの一部です。これを見ると、金融教育を受けた人のほうが金融トラブルに巻き込まれやすくなっているという、なかなか衝撃的なデータです。

図1　金融教育経験の有無と金融トラブル経験者の割合

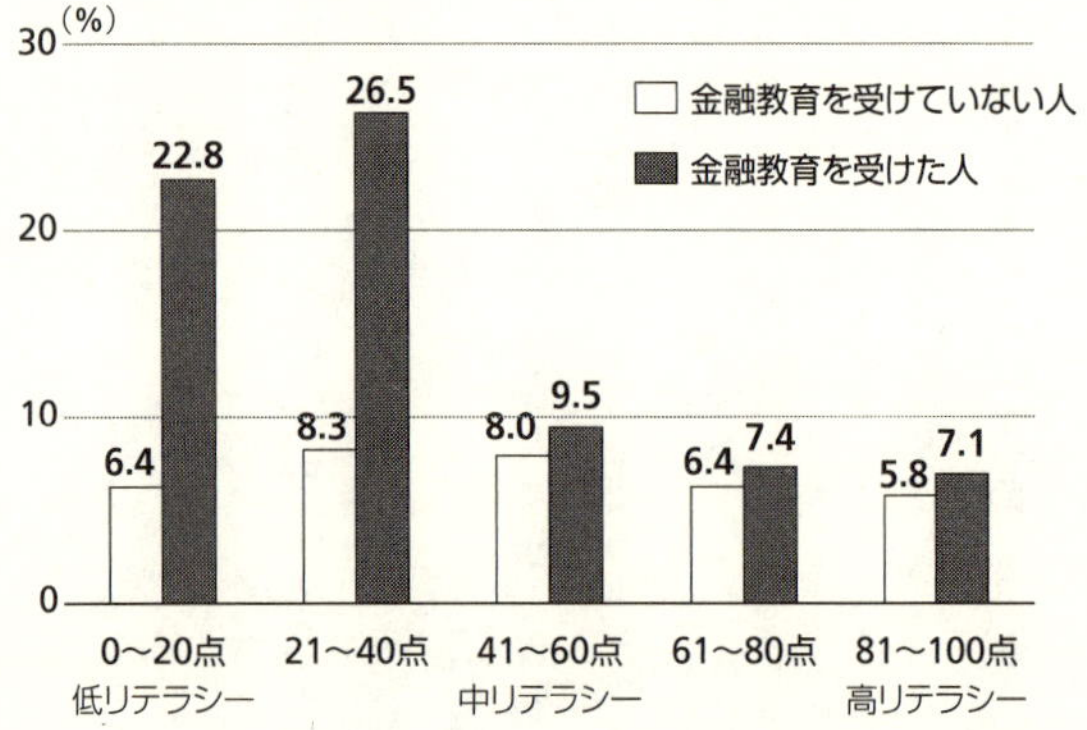

https://www.shiruporuto.jp/public/document/container/literacy_chosa/2022/pdf/22lite_point.pdf

　このリサーチのみで断定的なことはいえませんが、生半可《なまはんか》な知識で投資に手を出すと、むしろトラブルにあう可能性が高くなってしまうことを示しているようにも思えます。なにごともそうですが、「自称中級者」がいちばん危ない、といわれます。金融の勉強をして「そろそろ中級者だ」と思い込み、それまで貯金しかしたことがないような投資初心者が投資をしようと一歩踏み出したとたん、金融業界にウロつくオオカミの食い物にされてしまうのだとしたら、地獄としかいいようがありません。

　では、金融教育などしないほうがいいのでしょうか。もちろんそうではありません。ただし、世の金融教育では、いちばん重要なことを（あえて？）避けているとも思っています。いちばん重要なこととは、たったひとつ。「投資は、インデックス投資信託《しんたく》（とりあえず全世界株式《ぜんせかいかぶしき》）だけやっていれば十分で、ほかはやらなくてよい」ということです。

本書では、なぜこのワンフレーズで金融教育を終わりにしてよいか、を解説します。

これから金融の勉強をする人は、ここまで読んだだけでも、そもそも「インデックス投資信託ってなに？」「全世界株式ってなに？」という段階かもしれません。

そういった方は、ぜひ本書で知ってください。難しいことは、ほとんど書かれていないはずです。ご安心ください、数式は一切出てきません。

逆に、このワンフレーズの意味がわかる人は本書を読まなくてもいいかもしれませんが、なぜそうなのかを知っておけば、より知識に深みが出ると思いますし、あの手この手で「やらなくてもいい投資」に誘導してくる人や、騙《だま》そうとする詐欺師《さぎし》から身を守れるでしょう。それ以外にも基本的な金融サービスの話や注意点などにも触れていますので、読んでいただけると幸いです。

本書の対象読者と全8章の構成

本書をことにおすすめしたいのは、これから社会に出る大学生、社会に出たばかりで自分の責任で金融サービスを利用せねばならない新社会人です。とはいえ、高校生・中学生でも十分に理解できる内容だと思いますし、30代以降でこれから投資を始めるつもりの方、すでにある程度の貯蓄があり、老後を考えている高齢層の方にもぜひ読んでいただきたいと思います。なぜ投資をする必要があるのか、さまざまな「罠《わな》」から自分の身を守るためには何が重要かが身につくと思っています。

では本書の構成をざっと説明いたします。

序章では、なぜ本書を世に問うのか、その背景を説明します。日本人はもっと投資をする必要がありますが、金融のことをなにも知らない人が、いきなり大上段に振りかぶった「投資」に手を出すのが危険であることも間違いありません。この章では最低限の金融リテラシー（＝お金に関するさまざまな知識）を身につけることの必要性を理解していただこうと思ます（金融リテラシーの意味については、のちほど詳《くわ》しく説明します）。

第1章では、日本で投資が必要な理由を解説します。

みなさんが投資好きであろうと投資嫌いであろうと、日本の社会・経済のために投資が必要なことは事実。何にどう投資するか以前の問題として、そこを知っていただきたいと思います。

第2章は投資詐欺について。

「船乗り」という仕事の危険性をたとえた「板子《いたご》一枚下《いちまいした》は地獄《じごく》」という表現がありますが、投資と詐欺は板子一枚どころか、下手をすると地続きになっているのが現実です。はじめは合法だった投資商品がジワジワと詐欺に変貌することすらあります。みなさんのような投資初心者は、詐欺師にとってかっこうの獲物です。詐欺の手口や身の守り方を知りましょう。

第3章は、社会生活を送る上で避けて通れないベーシックな金融サービスである銀行、保険・共済、決済サービス（クレジットカード、電子マネー）、借金について。

このうち前の3つはそれほどリスクが高くないとされているサービスですが、じつはこれらにも高いリスクの落とし穴があります。借金はいうまでもなくハイリスクです。安心と隣り合わせの危険性について認識を持ってください。

第4章が、いよいよ投資について。

先ほども説明しましたが、みなさんがすべき投資は「（全世界株式を基本とした）インデックス投資信託」のみです。その理由や、それと関係の深いNISA《ニーサ》やiDeCo《イデコ》についても説明しています。本書のメインとなるパートです。

第5章は趣味としての投資について多少解説します。

「趣味としての投資」は「ギャンブル」とほぼ同義《どうぎ》であると思ってかまいません。「ギャンブルを趣味にする気はないよ」という人は読まなくてもいいと思いますが、「こういう投資はギャンブルとほとんど同じ」と知っておけばギャンブルのような投資をすすめてくる人から身を守る役に立つかもしれません。

第6章はハイリスクな投資について。

ここで紹介するのは下手なギャンブルよりも危険なものです。いわゆる「鉄火場《てつかば》（賭場《とば》、バクチをする場所）」なので、ふつうの人は立ち入る必要はありませんが、たちの悪いことに、巷《ちまた》には、人を鉄火場に誘惑する広告があふれています。その危険性を知らないと、なにかの拍子に足を踏み入れてしまうかもしれません。知識を持っておいて損はありません。

第7章は投資の始め方について。

じつはこの「始める」ことが、強い心理的バリアのせいで、いちばん難しかったりもします。しかし、いまなら「つみたてNISA」という、国が用意した「正解」があります。存分に活用しましょう。また、2024年8月に起きた株式の大暴落、いわゆる「ショック」とのつきあい方についても書きました。

みなさんが金融トラブルにあうことなく、投資の世界に参加できるようになることを切に願っています。

金融地獄を生き抜け／目次

はじめに 3
金融教育と、投資の「自称中級者」の罠 3
本書の対象読者と全8章の構成 6

序章 なぜ金融リテラシーが必要なのか 21
お金とお金をやりとりするときの対価 22
貯蓄（預金・貯金）はほんとうに賢いか 24
詐欺をはじめとする、投資におけるさまざまなリスク 27
「インデックス投資信託」が本書のすすめる唯一の投資術 30

第1章 なぜ「投資」が大切なのか 35
「資産所得」とは何か 36
資産所得を増やすなら「貯蓄」より「投資」 38
銀行預金は元本保証でもお金が減ってしまう 40
日本人の貯蓄好きは高度経済成長期に始まった 44
もう投資を銀行だけに任せられる時代ではない 48

完全に「ノーリスク」の収入源は存在しない 52
老後資金のためにも「分散投資」を 55
投資はある程度まで貯蓄ができてから 58
資産を投資に回すのは「大人の責任」でもある 60
「第1の矢」までは効果があったアベノミクス 64
「お金にお金を稼がせる」のは悪いことではない 69

第2章 騙されないための心得 73
投資はギャンブルか 74
もっとも危険なのは「投資」を装った詐欺 76
SNSで誘ってくる投資には近づくな 80
大勢から少しずつお金を集めるのはすべて詐欺だと思え 82
投資詐欺の多くは「ポンジ・スキーム」 84
最初は騙すつもりはなかった安愚楽牧場事件 86
ひとり暮らしの高齢者を狙った豊田商事の「現物まがい商法」 88
高利回りの不動産投資で被害を出した「かぼちゃの馬車」事件 92
「投資のための借金」は絶対にダメ 94

「自称中級者」がいちばん危ない 97
投資は「正しく怖がる」のが大切 99
「FIRE」という損な生き方 100
労働には金融資産1億円以上の価値がある 103

第3章 金融サービスの基礎知識 105

1 銀行 106
銀行が潰れても1000万円までは国が保証 106
銀行がすすめるハイリスクな商品 108

2 保険・共済 112
「めったに起きない大きな損失」に備えるのが保険 112
保険会社の投資商品はコスパが悪い 115
とりあえず入るなら「共済」で十分 117
若者に「お宝保険」の赤字を埋めさせる保険業界の「逆ざや問題」 120
保険会社の営業マン、セールスレディにご用心 125
保険ショップの「罠」 127

3 決済サービス 130

日本はキャッシュレス化が遅れている 130

クレジットカードは現金よりも安心 132

リボルビング払いは借金と同じ 136

4 借金（消費者金融） 139

利子が利子を生む「複利効果」で借金は雪だるま式に増える 139

借金を借金で返す「多重債務」のおそろしさ 142

闇金融に手を出すぐらいなら自己破産を 144

第4章 投資信託と新NISA 147

1 投資信託 148

プロに運用を任せる「投資信託」とは 148

詐欺の心配はないが運用失敗のリスクはある 150

アクティブ投資信託とインデックス投資信託の違い 153

インデックス投資信託は経済全体に連動して値が動く 156

インデックス投資信託の利回りはどの程度か 159

インデックス投資信託に負け続けるアクティブ投資信託 162

運用会社が儲からないインデックス投資信託 168
インデックス投資信託のコスト 170
2 NISA 172
投資の利益が非課税になる「NISA」 172
NISAの「つみたて投資枠」と「成長投資枠」 175
初心者は「つみたて投資枠のインデックス投資信託」の一択 178
つみたて投資のメリットは「ほったらかし」でいいところ 180
選ぶべきは国内株式か海外の株式か 183
3 iDeCo 186
老後資金づくりに役立つ「iDeCo」とは 186
給付金は課税対象になるので注意が必要 189
終身年金は社会にとっても合理的 191
いかに終身年金を普及させるか 193
第5章 趣味としての投資 197
「趣味」の投資は競馬やパチンコと同じ 198

1 株式投資 200
個別株式への長期投資 200
配当金と株主優待 203
株価の動きを「読む」のはとても難しい 206
心臓によくなかった株式投資体験 209
非上場株式への投資の危険性 212
2 債券投資 216
会社に資金を「貸す」のが債券投資 216
3 不動産投資 219
不動産投資は投資か？ 節税か？ 219
不動産投資信託（REIT） 222
4 アクティブ投資信託 223
証券会社はアクティブ投資信託をプッシュするが…… 223

第6章 ギャンブル性の高い投資 227

投資というより、ギャンブル性の高い「投機」 228

1　株式のデイトレード　231
デイトレードは誰かが必ず損をする「マイナスサム・ゲーム」　231
「ビギナーズラック」は依存症への第一歩　234
2　FX　236
小さな元手で大きな投資ができるFXだが……　236
「レバレッジ」をかけると損失も大きくなる　238
3　仮想通貨（暗号資産）　242
ビットコインは画期的な発明だったかもしれないが……　242
仮想通貨の新参者は「カモ」　245
電子クズになった「GACKTコイン」　247
第7章　何に、いつから、どれだけ投資するか　251
「投資はインデックス投資信託以外やらない」と決める　252
念仏のように「インデックス投資信託以外やらない」と唱えよ　255
十分な貯蓄のある人はいますぐにでも始めるべし　257

20代は楽しみを我慢してまで投資する必要はない 259
いちばんお金が貯まるのは子のいない夫婦共稼ぎ 261
預金残高の「万年雪」を投資に回す 264
ライフプランをシミュレートする 265
インデックス投資信託は手軽にネット証券で 272
日本経済にはまだ「のびしろ」がある 277
「ショック」とのつきあい方 279
労働以外の形でも経済に参加しよう 283

あとがき 285
参考文献 293

図版・DTP 美創

序章

なぜ金融リテラシーが必要なのか

お金とお金をやりとりするときの対価

ではまず、こんな質問から始めてみましょう。

「あなたは、お金の使い方を知っていますか?」――そう聞かれて、「知らない」と答える人はいないでしょう。

でも私は、この国の多くの人々が「お金の使い方」をよく理解しているとは思っていません。一体、どういうことでしょうか。

もちろん、お金を払えば買い物ができることは、テレビ番組「はじめてのおつかい」(日本テレビ系)に出てくるような小さなこどもたちでも知っています。また、お金と交換できるのは、店頭に並ぶ品物だけではありません。電車やバスなどの運賃、コンサートや映画などのチケット代、病院の受診料など、お金を払えばそれに応じたさまざまなサービスが受けられます。それを知らない人もいないでしょう。

しかし、それだけでお金の使い方を知っているとはいえません。品物やサービスと交換することだけがお金の使いみちではないからです。

私たちは、お金をなにかと交換するだけではなく、しばしば「お金そのもの」をやりとりします。そして買い物と同じように、そこでは「対価」のようなものが発生します。

対価とは何でしょうか。

いちばんわかりやすいのは、お金の貸し借りです。

家族や友だち同士なら、1万円を借りても1万円を返せばそれで済むことが多いでしょう。でも、たとえば銀行で100万円を借りたとき、返す金額は100万円ではありません。返す金額は、借りた分よりも多くなります。決められたパーセンテージ（利率）の利子（利息）がつくからです。

これが、「お金そのもののやりとり」で生じる「対価」です。利率は、いわば「お金の値段」のようなものだと思えばいいでしょう。

仮に年利（1年間の利回《りまわ》り）が5％だとすれば、100万円を借りた人が1年後に銀行に返す金額は105万円。貸した側は、100万円を使う（運用《うんよう》する）ことで、5万円の利益を得ます。一方、借りた側は、100万円をなにかに使うために、5万円を払いました。つまり、お金そのものをやりとりすることによって、自分のお金が増えたり減ったりするわけです。

貯蓄（預金・貯金）はほんとうに賢いか

私は2019年まで「金融庁《きんゆうちょう》」という役所に勤めていました。金融とは、文字どおり「お金を融通《ゆうずう》（やりくり）」すること。まさに、お金そのものを必要に応じてやりとりするのが金融です。

この金融という仕組みがなければ、世の中の経済活動は成り立ちません。たとえば企業は、さまざまな金融システムを通じて事業資金を調達し、それを使って生み出した商品やサービスを世の中に提供しています。

そういわれると、まだ実社会に出ていない中学生や高校生にとっては、自分とはあまり関係のない、遠い世界の話にように感じられるかもしれません。でも、この社会で暮らしている人たちは、ほとんど全員が「金融」と関わっているのです。

たとえば、銀行預金。こどもでも、お年玉やお小遣いなどを貯金するために自分名義の銀行口座（通帳）を親御さんにつくってもらっている人は少なくないでしょう。

銀行にお金を預けるのは、自分の家の金庫に現金を入れておくのと同じではありません。これは「金融商品」の一種です。

預金には利子がつくので、利用者は銀行にお金を「貸している」のと同じです。つまり、銀行の口座を持っている人はみんな、金融商品にお金を使い、預けたお金とは別に利子を受け取っているのです。

これだけを見ても、「金融」が誰にとっても身近なものだとわかるでしょう。それ以外に、たとえばICカードを使って電車やバスに乗ったり、電子マネーやクレジットカードを使って買い物をしたりすれば、金融サービスを使っていることになります。

金融には、ほかにもいろいろな形がありますが、誰もがそれに関わっているとはいえ、その仕組みはふつうの買い物ほど単純ではありません。そのせいか、買い物では「できるだけよい品物を、できるだけ安く買おう」と考えてうまくお金を使う人も、金融については上手な使い方ができていないように見えます。

私がそう感じるいちばんの理由は、日本人の「貯蓄率」が高いこと。詳しい数字はのちほど紹介しますが、ほかの国の人々と比べると日本人は貯金が大好きです。

「それはすなわち、いまは無駄遣いせず、将来のためにお金を貯めているのだから、日本はお金を大切にする人が多いということで、いいことなのでは?」——そう思う人もいるでしょう。それが賢いお金の使い方だと思っている人が多いから、日本は貯蓄率が高いのです。

でも、本当に「貯蓄（預金・貯金）は賢い」のでしょうか？

たしかに、そういう時代もありました。しかし、いまは違います。あとでお話しするように、銀行に預けたお金の価値は、長い目で見ると減っていくといえるのです。大切なお金を減らしてしまうので、お金を全部、貯蓄にしてしまうのは決して賢い使い方とはいえません。

また、みんなが貯蓄ばかりすると、社会全体にも悪い影響を与えます。お金は個人の生活にとって大事なものですが、社会にとっても「経済活動の血液」と呼ばれるほど大事です。「血液」ですから、いつも社会の中を流れていなければいけません。みんなが銀行にお金を貯め込むと、その流れが悪くなって経済が停滞してしまうのです。お金が貯蓄として蓄えられていることは、かつて日本が先進国であった欧米諸国に「追いつけ追い越せ」と汗を流した時代は必ずしも間違いではなかったのですが、いざ日本が先進国となり、次に何を目指せばいいかわからない時代になると、銀行にお金が集中することで社会全体としてはデメリットのほうが大きくなるのです。

経済が停滞すれば景気は悪くなり、働く人々の賃金も下がります。その結果、個人の生活も苦しくなるのです。

もちろん、貯蓄のすべてが悪いわけではありません。将来に備えて、誰でもある程度はお金を貯めたほうがよいのは当然です。でも、必要以上に貯め込みすぎると、大切なお金が目減りするし、経済は活力を失ってしまいます。

詐欺をはじめとする、投資におけるさまざまなリスク

では、金融の仕組みをどう使えば、自分のお金をうまく増やし、世の中の景気もよくなるのか。そこで目を向けてほしいのが「投資」です。

簡単にいうと、投資とは、うまくいきそうな事業に資金を投じること。たとえば新しい会社を始めるためには、オフィスや工場などの設備を整えたり、人を雇ったりするなど、たくさんのお金が必要になります。経営者が自分でそれを用意するのは大変なので、何らかの形で資金を融通してもらわなければなりません。

そこで「投資家」と呼ばれる人がその事業にお金を提供します。事業がうまくいって利益が出れば、投資した金額以上のリターン（戻ってくる利益）があります。

ただし、投資にはさまざまなリスク（危険性）もあります。投資した事業が思ったほどうまくいかなければ、お金が戻ってこないかもしれません。

また、投資の中には、比較的リスクの低いものもあれば、勝つ確率が極端に低いギャンブルみたいなものもあります。確率が低い分、うまくいったときの見返りも大きくなりますが、失敗したときは投資した人も大損をするので気をつけなければいけません。

もっと危ないのは、投資に見せかけた詐欺が横行していることです。儲《もう》け話に騙されて、一生懸命に働いて貯めたお金を一瞬にして失う人もよくいます。

そんなニュースを見て怖くなり、「投資」と名のつくものには絶対に近づかない、と決めている人もいるでしょう。「はじめに」で、金融教育を受けた方が金融トラブルにあう可能性が高いということをご紹介しましたが、あれは、みなさんのような投資初心者が一歩目を踏み出したところを悪徳業者《あくとくぎょうしゃ》や詐欺師に食い物にされたということなのかもしれません。

しかし、だからといって、一切投資しないのも賢い行動とはいえません。金融について最低限の知識さえあれば、詐欺にあったり、全財産を失ったりするような大きなリスクを避けながら、お金をうまく運用することができるからです。

ところが日本では、投資や運用についての教育が足りていません。国にもそういう問題意識があるのでしょう、２０２２年度からは高校の家庭科で金融教育が実施されるようになりました。それ自体は歓迎すべきことです。

それに、お金は誰の人生にも長くついて回るものですから、その知識はもっと早い時期から頭に入れておいたほうがいいでしょう。高校に進学せずに、10代半ばで社会に出る人たちもいます。金融業界というのはやはりおそろしいところで、そこで働く人たちは、生き馬の目を抜く世界を渡る猛者《もさ》ですから、知識ゼロのままで金融サービスに触れるのは大きなリスクを伴います。

実際、金融業界はこれまで何度も知識のない人に不適切な商品・サービスを売りつけて損失を与えたり、ひどいときには詐欺をはたらいたりしています（詐欺をはたらく人の多くは厳密には金融業界の人ではないのでしょうが、一部には金融機関の従業員の肩書きを利用してお金を騙し取る人もいます）。

金融マンは、会社から「ノルマ達成できないならビルから飛び降りろ！」というような強烈なプレッシャーを受けていたりもします（これは、あとで出てくるスルガ銀行が絡んだ事件で実際にあった話です）。たとえお客さんの前ではニコニコしていても、腹の中では客が損しようが何しようが、商品を売らなければならないという危険な精神状態になっているかもしれません。金融トラブルにあわないためには、社会に出る前に、金融のプロから身を守るための知識を最低限の一般教養として身につけておくべきでしょう。そういう教養のことを「金融リテラシー」といいます。

リテラシーの、本来の意味は読み書きできる能力のこと。そこから意味が広がって現代では、それぞれの分野での知識・情報の意味で使われます。しかし、さらに最近では、知識・情報をそのまま信じず批判的にも読み解く力、つまり「情報を正しく取捨選択する基礎的な力」の意味を伴うようになりました。

また、金融リテラシーが必要なのは若い人たちだけではありません。こどもの教育費や住宅ローンなどの負担が重くなる中高年世代も、また少ない年金だけに頼ってはいられない高齢者も、金融サービスをうまく使いながら生活する必要があります。つまり、あらゆる年代で、正しい知識や考え方が必要なのです。

「インデックス投資信託」が本書のすすめる唯一の投資術

そのため、かつて私が勤務していた金融庁も、国民に正しい情報提供をするよう努めてはいます。でも、役所にできることには限界があります。

たとえば、投資に見せかけた詐欺行為は犯罪ですから、国家が取り締まるでしょう。ただし、取り締まりが行われるのは、たいがい被害が出てからです。事前に詐欺被害を防ぐことは、なかなかできません。みなさん自身による自衛が重要なのです。

また、投資にあまり慣れていない人が手を出すべきではないギャンブルのようなハイリスクの金融商品は、国家権力をもってしても（というか国家権力であるがゆえに）やめさせることができません。法律に違反していないかぎり、どんな金融商品を売るのも「営業の自由」として尊重せざるを得ないからです。公務員個人としては「どうもスジのよくない金融商品だな」と思っても、民間企業の権利を尊重する必要があるため、組織としては簡単には「そんなもの売るなよ」と文句をいえないのです。

また、損をする可能性の非常に高い金融商品にお金をつぎ込むのも、「個人の自由」です。政府は口出しできません。合法的なサービスで大損したとしても、それは本人の自己責任ですから、原則として政府は救うことができません。

私は金融庁の現場で仕事をしていたので、そういう限界をよく知っています。違法スレスレ、それどころか「これスレスレなんてものじゃなくて違法なんじゃないの？」というような商品やサービスでも、一度、世の中に出てしまったものはなかなか止められないのです。

そんなお役所の「中立性に配慮した」金融教育では、「金融リテラシー」の本当に大事なところは伝わらないと思います。リテラシーが低い状態で、「これからは投資をしましょう」といわれると、危ない金融マンや詐欺師に引っかかり、いきなり危険な投資を始めてしまう可能性もあります。

ですから私は本書を通じて、投資についてこれまで「なにもやっていない」「なにも知らない」という方たちに向けて、「これだけ知っていればサギや悪徳商法に引っかからずに始められる」という最低限の知識をお伝えすることにしました。金融や投資にあまり興味のない、ふつうの人たちが安心して投資できる方法や対象を紹介したつもりです。

すでに何度かくり返していますが、それが「はじめに」でお話しした「インデックス投資信託」という金融商品です。もちろん聞いたことがある方も多いでしょう。が、それが何なのかは、おいおい説明するので、いまはわからなくてもかまいません。とにかく、投資で詐欺にあわず、効率よくお金を運用したければ、「インデックス投資信託以外には手を出さない」とだけ覚えておけば十分です。

書店には、投資が趣味の人に向けて書かれた「簡単に儲かる株の本」の類から、非常に高度で難解な金融の専門書までが並んでいます。それらは株や債券《さいけん》、その他の金融商品への投資が好きで好きでたまらない人には有用な本でしょう。

しかし「投資なんて全然興味がないけど、まわりが騒がしいからさすがに勉強しないとマズいと思い始めた」というレベルで、「はじめての投資」にまずチャレンジしたい方には本書だけで十分、と断言できます。そして大半の人にとって、投資に関する知識は一生、本書だけで十分だとも思います（もちろん社会環境がガラリと変わる可能性もあるので絶対ではありませんが……）。

一方「なんだ、結局インデックス投資信託だけをすすめる本なのか」と思った方も、ぜひ読み進めてみてください。「そんなの知ってるよ」と思った人はまだ安心です。危ないのは「この本の著者はインデックス投資信託だけじゃダメなことも知らないのか」と思った人です。もうすでに騙されてしまっているかもしれません。

世の中には、なんとかしてインデックス投資信託から顧客《こきゃく》を奪おうする金融のプロや詐欺師がたくさんいます。一定の金融リテラシーのある人にとっても、今後、訪れそうな罠を回避する考え方のヒントが見つかるかもしれません。

本書を読めば、理由は納得してもらえるでしょう。とにかく、これから自分のお金を手にする若い世代から、すでに多くの貯蓄を持つ高齢者世代まで、お金の賢い使い方を考えるきっかけにしていただければ幸いです。

第1章

なぜ「投資」が大切なのか

「資産所得」とは何か

経済を発展させて、国民の暮らしをよりよいものにするために、政府はさまざまな政策を打ち出します。近年では、「資産所得倍増プラン」と名づけられた計画が注目されました。2022年11月に、岸田文雄《きしだふみお》首相の主導で設立された「新しい資本主義実現会議」が提案したものです。

たとえば、メディアでよく見聞きするようになった「新NISA」という金融サービスも、このプランに基づくもの。本書ではあとで新NISAについても詳しくお話ししますが、ここではまず、このプランに出てくる「資産所得」という言葉について考えてみます。

いまから60年以上も前の古い話ですが、1960年に、当時の池田勇人《いけだはやと》首相が「所得倍増計画」という長期経済計画を打ち出しました。読んで字のごとく、国民の所得を10年間で2倍にすることを目指すものでした。

みんなの給料を倍にするというのですから、いまから振り返れば、ずいぶん大胆な計画です。しかし実際、予定よりも早い7年後に、国民1人あたりの所得は倍増しました。1945年の敗戦から立ち直った日本は、世界を驚かせるほどの高度経済成長を達成したわけです。

岸田首相が掲げた「資産所得倍増プラン」のネーミングは、この成功例にあやかったものでしょう。「倍増」と聞くと、いまよりも暮らし向きがすごく豊かになるような気分になります。

でも、ここで倍増を目指しているのは国民の「所得」ではありません。ですから、たとえ言葉どおりにうまくいったとしても、年収300万円の人が年収600万円になるわけではないのです。

また、これが国民の持つ「資産」を倍増させるという話なら、1000万円の銀行預金が2000万円に増え、5000万円の価値のマンションは1億円に値上がりするでしょう。しかしこのプランの目的は、それとも違います。

念のためにつけ加えておくと、もちろん「資産と所得」の両方を倍増させようとしているわけでもありません。増やすのは、あくまでも国民の「資産所得」です。

では、資産所得とは何でしょう。これは、銀行預金、株、保険、年金、不動産などの資産から生まれる所得のことです。預金なら利子、株なら企業の利益に応じて支払われる配《はい》当金《とうきん》などなど、持っている資産を運用すると、さまざまな形で収入を得ることができます。

それを2倍に増やすことを目指すのが、岸田政権の「資産所得倍増プラン」です。

資産所得を増やすなら「貯蓄」より「投資」

昔の「所得倍増計画」と比べるとずいぶんスケールが小さいので、ガッカリした人もいるでしょう。とくに、資産を銀行預金の形でしか持っていない人はそうだと思います。というのも、いまは銀行の預金金利が低いので、そこから得られる「資産所得」は雀の涙です。いや、雀の涙だってもっと多いかもしれません。

なにしろ日本を代表するメガバンク（大銀行）の普通預金の金利は、2024年1月の時点で、たったの0・001％。つまり100万円を1年間預けても、利息はわずか10円です。それが20円に倍増したところで、暮らし向きはまったく変わりません。仮に10倍になったとしても、たった100円です。その後、世界的な金利上昇を受けて、2024年後半から普通預金金利は0・1％と100倍になりましたが、それでも100万円を預けても1000円です。これが倍増しても2000円ですから、五十歩百歩です。預金金利が20円から2000円と100倍になったから資産所得倍増計画は達成した、といわれても困ってしまいます。

ですから、資産を銀行にだけ預けている人にとって、「資産所得倍増」という看板はあまり魅力を感じないはずです。「そんなことより、給料自体がもっと増えるような経済政策をやってくれ」といいたくなると思います。誰にとっても、いちばん増えてほしい所得は、給料やアルバイト代などの賃金だからです。

それはたしかにそうなのですが、私たちの所得は賃金だけではありません。「資産所得」も、減るよりは増えたほうがいいに決まっています。自分の生活を守り、将来に備えるためには、それをいかにうまく増やすかを考えなければいけません。

ある意味で、政府の「資産所得倍増プラン」に強い興味を持てない人ほど、むしろ自分の資産運用を見直すべき時期だといえます。資産所得が倍増しても大差ない人は、そもそもお金の使い方があまりうまくないからです。

たしかに、100万円を銀行に預けていて、1年で1000円の利息が2000円に増えたからといって、なんの魅力もありません。しかし、ここで問題なのは、100万円が1年で100万1000円にしか増えない金融商品（銀行預金）にお金を預けていることのほうです。

もし、年利が5％の金融商品に100万円を預けていれば、1年後には105万円になります。この資産所得が倍増すれば、利益は5万円から10万円になります。こうなれば、「資産所得倍増」という言葉にも魅力を感じるのではないでしょうか。5万円と10万円では、ありがたみがかなり違います。また、100万円の銀行預金を年利5％の金融商品に移し替えれば、資産所得は1000円から5万円へと、倍増どころか50倍増です。実際は5％の利回りの金融商品を10％にするのは容易ではないので、資産所得倍増とは、これまで銀行預金しかしていなかった人が投資を始めることで、国民全体として資産所得が倍増すること、と思うのがいいかもしれません。

もちろん、最初に預ける元手が多ければ、「倍増」の効果も高まります。もし1000万円の金融資産を5％で運用できているなら、資産所得が倍増すれば50万円から100万円に増えることになるのです。そして、そのためにもっとも適した手段が「インデックス投資信託」です。詳しい仕組みについてはのちほどお話ししますが、それらの「インデックス投資信託」のほうが、「貯蓄」よりも期待できる資産所得はずっと大きいのです。

銀行預金は元本保証でもお金が減ってしまう

ところが日本人は貯蓄が好きなので、収入がたくさんあってもどんどん貯金するばかりで投資にあまりお金を使いません。欧米諸国《おうべいしょこく》と比べると、その傾向は明らかです。

２０２３年8月に日本銀行が発表した調査結果（図2参照）によると、アメリカの場合、アメリカ人の家計（資産）の中で現金と預金が占める割合は12・6％にすぎません。一方、株式や投資信託などの投資商品の割合は56・2％にもなっています。

欧州は現金・預金が35・5％に対して、投資商品は33・3％。アメリカ人は現金・預金の4倍以上ものお金を投資に回していますが、欧州は両方にほぼ同じぐらいのお金を振り分けています。

では、日本はどうでしょう。日本人の家計（資産）約２０００兆円のうち、現金・預金が54・2％と、半分以上を占めています。そして、投資商品はわずか16・7％しかありません。アメリカ人の家計（資産）のあり方とは正反対です。なお、少し補足しておくと、アメリカ・欧州・日本のいずれも、保険や年金などが家計の30％弱を占めていますが、欧米の保険や年金は少なくない割合が投資としての性質を持っているのに比べ、日本の保険や年金は貯蓄としての性質が強いものが多いのです。ただし、これもあとで説明しますが、私個人としては日本の保険や年金で投資をするのはやめておいたほうがよいと考えています（こういうことが中立性を重視する公務員の立場では非常にいいづらいのです）。

図2　家計における金融資産構成

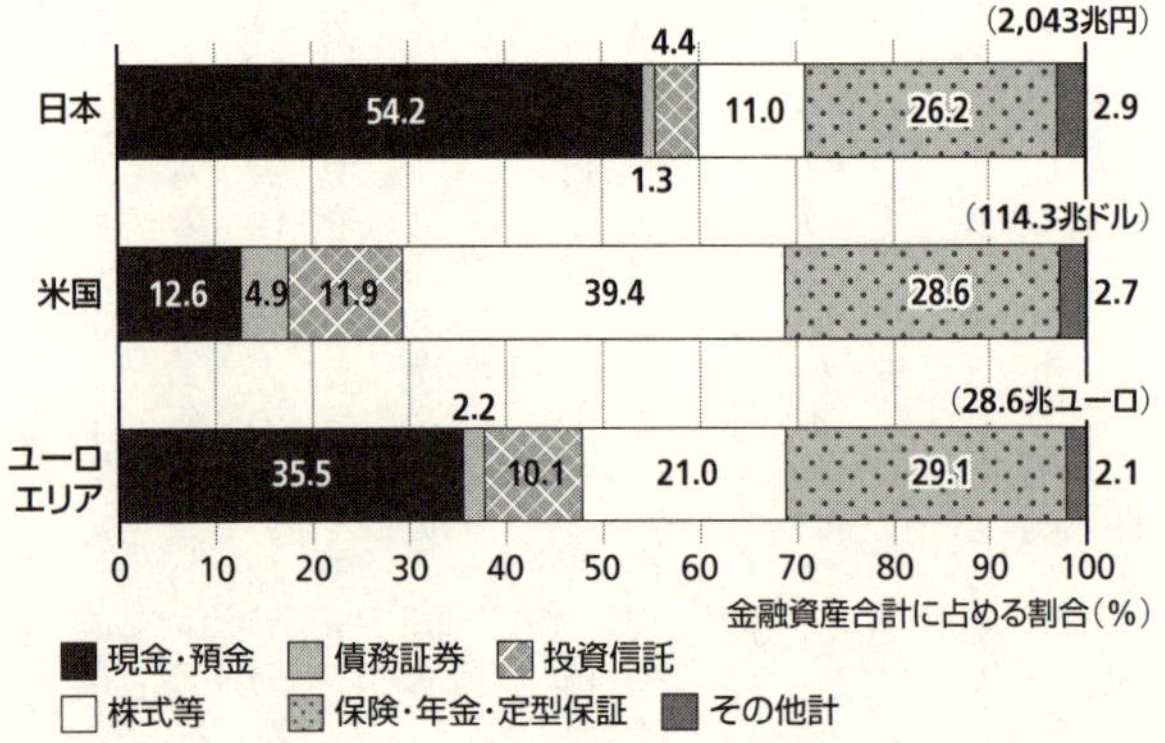

＊「その他計」は、金融資産合計から、「現金・預金」「債務証券」「投資信託」「株式等」「保険・年金・定型保証」を控除した残差。

https://www.boj.or.jp/statistics/sj/sjhiq.pdf

欧州と比べても、日本人が投資に回すお金は半分程度。利回り（利率）の低い預金にこんなにお金を回していたのでは、資産所得が増えるわけがありません。

「それでも、銀行預金は損をするリスクがないのだから安心だ」――そういいたい人もいるでしょう。「銀行預金と違って、投資は元本《がんぽん》（最初に投じた金額）が保証されないので心配だ」というわけです。

投資にリスクがあることは間違いありません。実際、２０２４年８月、株価は世界的に暴落しました。でも、銀行預金は本当に「損をしない」のでしょうか。たしかに銀行預金は元本が保証されるので、預けたお金の額が減ることはありません。でも、その値打ちは長い目で見ると変化します。お金の表向きの「額」と実際の「価値」は同じではないのです。

たとえば、1年、2年、3年など預け入れ期間を決めて利用する定期預金に100万円を預けたとしましょう。期間終了（満期）を迎えたときに、それが90万円や80万円に減っていることはありません。100万円の元本は保証されます。

しかし、銀行に預けているあいだに世の中でインフレ（インフレーション）が進んだとしたら、その100万円の価値はどうなるでしょうか。

いまの日本がまさにそうです。インフレとは物価が上がることです。したがって、定期預金にお金を預けたときに100万円で買えたものが、満期を迎えたときには120万円に値上がりしているかもしれません。「こんなことになるなら、銀行に預けないで、買えるときに買っておけばよかった」と後悔することもあるでしょう。

これは、お金の価値が減って損をしたということです。額面は同じ100万円でも、物価が上がればその「使い出（値打ち）」は90万円分ぐらいになっているかもしれません。

インフレは「物の価値が上がって、お金の価値が下がる」現象なのです。

預金には利息がつきますが、100万円が100万1000円になったとしても、インフレで何万円も目減りすれば、1000円の資産所得など、なんの足しにもなりません。物価が年3％ずつ上がるインフレが25年続くと物価は2倍くらい（1・03の25乗＝2・0937…）になるので、お金の価値は半分ぐらいにまで減るのです。

ですからインフレが続くかぎり、物価上昇率よりも利率の低い銀行預金は「損」なお金の使い方です。物価上昇率よりも利回りの高い商品で運用しなければ、お金の実質的な価値は増えません。

日本人の貯蓄好きは高度経済成長期に始まった

それなのに、どうして日本はこんなに貯蓄率が高いのでしょう。

少し前まで、日本経済はインフレとは逆の「デフレ（デフレーション）」が長く続きました。物価が下がればお金の価値は逆に上がるので、銀行預金は目減りせず、むしろ「使い出」が増えます。100万円の定期預金が満期になるころには、前は120万円だったものが100万円に値下がりして、買えるようになるかもしれません。そういう意味では、デフレ時代の銀行預金は決して損をするものではありませんでした。

でも、デフレ時代の預金金利は「雀の涙」です。お金の価値が目減りすることはなくても、大きく増えたわけではありません。デフレ下でも、ある時期から株価は上がりましたから、貯蓄よりも投資にお金を回したほうが得をしたはずです。

それでも日本人の多くは、「利子が少なすぎる」などとボヤきながらも、投資はせずに貯蓄を続けました。それはなぜなのでしょうか。

いわゆる「勤倹《きんけん》（まじめに働いて無駄遣いをしない）」を大事にする日本人の国民性が貯蓄に向いているのだろう――と思う人もいるでしょう。

でも、日本人は昔から投資に消極的だったわけではありません。戦前の日本では、企業が発行する株式の多くを一般の個人が持っていました。さらに終戦直後も、財閥解体《ざいばつかいたい》で持株会社から株式が大量に放出されたこともあって、1949年の時点では、株式のおよそ7割を個人が所有していたほどです。

ところが1980年代の終盤には、その割合が2割程度まで下がりました。その一方で高まったのが、貯蓄率です。ですから、日本人はもともと貯蓄好きだったわけではないのです。貯蓄に励《はげ》んだのは「1950年代以降の日本人」です。

その時代に何があったかは、いまさら、いうまでもないでしょう。世界に冠《かん》たる高度経済成長です。

戦後復興から始まる高度経済成長期は、「経済成長のためにどの産業分野に投資すべきか」がはっきりしていた時代です。「欧米に追いつけ追い越せ」というわかりやすい目標もありました。

目標が明確なので、資金をさまざまな産業に薄く広く行き渡らせるのは得策ではありません。とにかく銀行がお金を集め、それを石炭や鉄鋼などの基幹産業や、自動車や半導体などの確実に成長すると予想される産業に集中的に投入したほうが、効率よく経済を成長させられます。現在の経済産業省が通商産業省と呼ばれていた時代は、このやり方がうまくいっていたといえると思います。

そのため当時の政府は、国民にどんどん貯蓄することをすすめて、投資は銀行に任せていました。その結果、敗戦国が世界第2位の経済大国になるまで成長したのですから、このやり方は決して間違ってはいなかったのでしょう。

その時代は銀行の預金金利も高かったので、預金者も文句はありませんでした。定期預金の年利は、平均で5％前後。郵便貯金の定期預金は、7・5％という高金利をつけたこともあります。10年間預けるだけで、100万円が200万円以上に増えました（1・075の10乗＝2・061…）。まさに「資産倍増」です。

このように、当時はみんなが貯蓄をしていても経済を回す「血液」が十分に流れて社会が豊かになり、個人も多くの資産所得を得ることができたのですから、高度経済成長期に貯蓄率が高かったのは当然ですし、それはまったく悪いことではありません。

しかし現在の日本は、このときの成功体験が裏目に出ています。とくに中高年世代や高齢者の貯蓄率が高いのは、高度経済成長期に身についた「銀行に預けておけば安心」という習慣を引きずっているからではないでしょうか。

逆に、１９８７年のＮＴＴ株の暴落や、その後のバブル崩壊による株価低迷で、投資による成功体験がなく、「投資は危険なものだ」というイメージを持つ人が多いのではないかと思います（ちなみに、私の株式についての最初の記憶は、６、７歳の頃でしょうか、「ＮＴＴ株が暴落して大変」という風刺マンガを読んだことで、なにか大変なことが起こってるみたいだなと思ったことを覚えています）。

でも、やっとデフレの終わりが見えてきて、国際情勢の複雑化や人口減少、日本の国力の低下に伴う円安など、今後はインフレが定着しそうな社会情勢になっています。それなのに、いまだに「貯蓄」から「投資」に切り替えられずにいる人が多いことが現在の問題なのです。

もう投資を銀行だけに任せられる時代ではない

政府の「資産所得倍増プラン」は、「貯蓄から投資へ」というスローガンを掲げています。でも、これは最近になって出てきたものではありません。政府がはじめて「貯蓄から投資へ」というスローガンを打ち出したのは、2001年6月の小泉純一郎内閣による「骨太の方針」で、それからじつに四半世紀近くものあいだ、金融庁は「貯蓄から投資へ」といい続けています。逆にいえば、四半世紀近くも叫び続けている課題がいまだに解決していないということです。また、日銀はすでに2005年に「金融教育元年」をうたっていました。残念ながら、あまり効果は上がりませんでしたが、「貯蓄率を下げてお金を投資に回さなければ日本経済はよくならない」という問題意識は、ずっと前からあったのです。

先ほどもお話ししたとおり、終戦から1980年代ぐらいまでの時代は、経済成長のためにどんな産業分野に投資すべきかが誰の目にもはっきりしていました。すでに成功している欧米をお手本にして、そこに追いつき追い越す努力をすればよい結果が出るとみんな信じていましたし、実際それで日本は戦後の焼け野原から圧倒的なスピードで経済復興を果たしました。

たとえば、鉄鋼や自動車、家電製品などにお金を集中させて企業の供給力を高めれば確実に利益が出るので、銀行はそういう分野にまとめて投資します。そして日本企業は、欧米企業よりも安価で品質の高い製品をつくれるようになりました。それによって、国際的な競争に勝てるようになったのです。

しかし、欧米に追いつき追い越したあとは、もう日本が見習うべきお手本がありません。次に成長するのがどのような産業なのか、誰もはっきりわからない時代が来たのです。もはや人類の必需品ともいえるスマートフォンも、出始めの頃は否定している人がたくさんいました（私も「携帯電話なんてどうせ電話とメールにしか使わないのにデカくて不便なだけだろう」と思っていました）。

誰から見ても絶対に必要だとわかる「洗濯機、冷蔵庫、テレビ」が三種《さんしゅ》の神器《じんぎ》とよばれていた時代とは違い、メタバースはこれからどうなるのか、ＡＩ（人工知能）はどうなるのか、確実なことをいえる人はいないでしょう。

そうなると、投資（銀行は「融資」という貸し付けの形で企業に投資します）を銀行に任せる従来のやり方ではうまくいきません。融資が失敗に終わるリスクが高まってきたので、銀行は巨額の資金をまとめて投下しづらくなりました。銀行が「これが儲かるはずだ」と思って融資を集中させた産業が期待はずれに終わったら、銀行はみんなから預かった預金を払い戻せなくなったり、企業にお金を貸せなくなったりするかもしれない。そうなれば日本経済全体が大変な打撃を受けてしまいます。

実際、1990年代には銀行は土地（不動産）を融資の際のおもな担保《たんぽ》にしていましたが、バブル崩壊によって不動産価格が暴落すると銀行や信用金庫・信用組合は融資した（貸した）資金を回収できなくなったせいで連鎖破綻《れんさはたん》が起き、日本経済は長い低迷期に入りました（これを「平成金融危機」といいます）。

そういった危機を経験してきたため、銀行は昔のような役割を果たせなくなりました。そういう状況で人々が貯蓄ばかりしていたら、どうなるか。お金が銀行にどんどん貯まるばかりで、経済の「血液」が流れません。すると、大きく成長するかもしれない新しい産業がなかなか生まれず、経済全体が活力を失います。

実際、この30年のあいだに日本経済はみるみる力を失いました。かつてはアメリカに次ぐ世界第2位の経済大国でしたが、2010年にはGDP（国内総生産）で中国に抜かれて3位に。さらに2023年にはドイツにも抜かれて4位に転落しました。2025年にはインドに抜かれて5位に転落するという予測もあります。

国民ひとりが生んだ利益である「1人あたりGDP」は国民の豊かさを示す指標《しひょう》ですが、1990年代は世界第2位を最高として1桁台をキープしていました。しかし、2023年のOECD（経済協力開発機構＝欧州を中心に日米を含む38カ国の先進国が加盟する国際機関）の1人あたりの名目GDP（米ドル換算）での順位は21位となり、22位の韓国に迫られています。データの取り方によっては日本はすでに韓国や台湾に抜かれているとの調査もあります。

私がこどもの頃（1990年代）は、韓国、台湾、シンガポール、香港のことをアジアNIES《ニーズ》と呼んで、経済的に勢いのある新興工業経済地域と認識されていましたが、それから30年ほどがたち、シンガポールと香港は日本よりも豊かになり、韓国と台湾は日本とほぼ同等の豊かさとなっています。

NIESという言葉はもう死語になったようで、いまではBRICS《ブリックス》（ブラジル、ロシア、インド、中国、南アフリカなどの新興国）がそれに近い位置づけにあると思いますが、このままいけば、30年後に日本はこれらの国々に豊かさで抜かれていないともかぎりません。

この悪い流れに歯止めをかけるには、金融市場でもっとお金を回し、新しい産業を生み出し、既存の産業もアップデートさせていかなければなりません。貯蓄されているお金の何割かが投資に回れば、それだけで経済は活性化するでしょう。

完全に「ノーリスク」の収入源は存在しない

「アメリカと違って、日本では新しい事業にチャレンジする若者が少ない」などと嘆く人が多くいます。

しかし、必ずしも若者世代に意欲が足りないわけではありません。ベンチャーがチャレンジできる環境が整っていないことも、新しい事業が生まれにくい大きな要因です。新しい事業を始める意欲があっても、資金がなければ行動を起こせません。そこに投資してくれる人が多ければ多いほど、チャレンジャーも増えるでしょう。

しかし高度経済成長期の自動車産業などと違って、ベンチャー企業が成功するかどうかは、誰にとっても未知数です。そのため、投資した人が十分な見返りを得られるかどうかもわかりません。投資には、常にそういうリスクがあります。

とはいえ、高度経済成長期の銀行だって、まったくノーリスクで企業に融資していたわけではありません。日本の自動車メーカーや家電メーカーが、国際競争に勝てるような製品を必ずつくれるという保証はどこにもありませんでした。その時代は、銀行が投資リスクのかなり大きな部分を一手に引き受けていたわけです。

もちろんその時代も、リスクを負って株式などを買う投資家はいました。しかし少なくとも、資産を銀行だけに預けていた人たちは、ほとんどリスクを負うことなしに、高金利の恩恵を受けていたわけです。

でも、そうやって資産所得を増やせる時代は終わりました。日本経済に十分な「血液」を流すには、かつては銀行が背負っていた投資リスクをみんなで少しずつシェアして、投資を増やす必要があります。

日本人はノーリスクの銀行預金に慣らされているので、「投資は怖い」と腰が引ける人も少なくないでしょう。でも、そもそも完全に「ノーリスク」でお金を増やすことはできません。

たしかに銀行預金は預けた元本が保証されますが、リスクはあります。万が一、お金を預けた銀行が潰《つぶ》れてしまったら、1000万円（とその利息）までは保証されますが、それ以上の預金は戻ってくるとはかぎりません。

実際、経営破綻した銀行は過去にあります。たとえば1997年には、北海道拓殖銀行《ほっかいどうたくしょくぎんこう》の破綻が発表され、多くの預金者が慌《あわ》てて払い戻しを受けようとして店の前で行列をつくりました（これを「取り付け騒ぎ」といいます）。このケースではほかの銀行が引き継いだので預金も守られましたが、銀行預金が決して「ノーリスク」ではないことは間違いありません。2010年に破綻した日本振興銀行のケースでは、預金の一部は戻ってきませんでした。それに、なんといっても昨今のように、インフレの時代には額面はそのままでも日々、銀行預金は実質的に目減りしており、それ自体が大きなリスクです。

また、働いて賃金を得るのも、広い意味で「投資」の一種といえなくもないように思います。資金の代わりに、自分の体や時間や能力などをそれぞれの事業に投じて、その見返りとしてお金をもらうのが労働にほかなりません。日本人の平均年収は400万〜500万円なので、これだけの金額を投資で安定的に稼ごうとしたら元手が1億円以上は必要です（年利5〜6％）。ある意味で、どんな金融商品よりも「利回り」の高い投資が労働だといえます。「健康な心身」にはそのくらいの価値がある、といいかえてもよいでしょう。

そして、労働という投資にも、当然ながらリスクはあります。勤めている会社が倒産すれば、失業して収入が途絶えてしまいます。病気で働けなくなれば、クビになるかもしれません。パワハラやセクハラなどに耐えられず、会社に行けなくなる人もいます。大失敗をして退職勧告《たいしょくかんこく》を受けることだって、あるでしょう。

そう考えると、「ノーリスク」でお金を増やす方法は世の中にひとつもありません。生活にはお金が必要なのですから、多かれ少なかれリスクを負わなければ、私たちは生きていくことができないのです。

老後資金のためにも「分散投資」を

もちろん、リスクが現実のものになれば暮らしが危うくなりますから、できるだけそれを低くする工夫をしなければいけません。

そこで大事なのが、リスクを「分散」させることです。

銀行預金や労働も含めて、あらゆる投資にはリスクがあるので、投資先をひとつだけに絞るのはよくありません。「これは絶対に安全だ」と信じていても、どんな不運に見舞われてダメになるかは誰にもわからないのです。揺るぎなく安定しているように見える大企業も例外ではありません。日本を代表する大企業だった日本航空（ＪＡＬ）の株式も紙くずになってしまいました。

そんな事態に備えて、ひとつがダメになっても別のところである程度までカバーできるよう、投資は複数に分けて行うべきです。それが、「分散投資」と呼ばれる手法。投資のリスクを減らすための基本中の基本です。

いま仕事で十分な収入を得ている人は、資産所得のことなど考えず、とりあえず銀行に貯蓄だけしていれば大丈夫だと思うかもしれません。たしかに、元気に働けるあいだはそれでも問題はないでしょう。

しかし分散投資の考え方からすると、これではリスクに対する備えが不十分です。労働という投資だけに頼っていると、なんらかの事情で仕事ができなくなったときに、それをカバーできません。労働の対価としての収入をすべて投資で賄《まかな》うのはかなり難しいとはいえ、資産所得を増やしておけば、次の仕事を始めるまでのつなぎにはなります。

それに、会社や役所などで働く給与所得者（いわゆるサラリーマン）のほとんどは、いつか定年を迎えます。再雇用や再就職でしばらく仕事を続ける道もありますが、それでもやがて「体という資本」からお金を生み出せない年齢を迎えることになります。その後、年金が入ってくるとはいえ、それだけで生活していける人は多くありません。

２０１９年には、「老後資金２０００万円問題」が話題になりました。発端は、金融庁の金融審議会 市場ワーキング・グループがまとめた「高齢社会における資産形成・管理」と題した報告書です。

その中で「老後20〜30年間で約1300万〜2000万円が不足する」という試算を発表したことで、人々のあいだに不安や不満が広がりました。「そんなに用意しなければ暮らしていけないのか……」「そもそも年金が少なすぎる！」というわけです。

もっとも、定年のない自営業やフリーランス（自由業）の人はサラリーマンに比べると長く自分の体でお金を生むことができますから、誰もが老後までに2000万円を用意せねばならないわけではありません。そういう個別の事情を無視して一律に論じてしまった点で、この発表はいささか乱暴だったと思います。

しかし、経済の低迷によって、退職金の額は昔よりも減りました。その一方で、寿命は昔よりも延びています。高度経済成長期は退職金と年金で亡くなるまでの期間をそれなりに過ごすことができていましたが、いまはそれだけでは足りなくなることも十分に考えられるでしょう。長生きすればするほど、生活が苦しくなるということです。

そんな将来に備えるために、現役でバリバリ働いて稼いでいるうちから、別の形でも「稼ぐ」ことを考えておくべきです。とはいえ、その時期は住宅ローンやこどもの教育費などで出費がかさむ人が多いので、貯蓄だけで老後資金を捻出するのは容易ではありません。だからこそ「老後資金2000万円問題」で慌てる人が多かったのです。

高度経済成長期の日本は、「労働」と「貯蓄」だけでお金のことはなんとかなる社会でした。でも、それは決して当たり前のものではなく、むしろめったにない恵まれた時代だったと思ったほうがいいでしょう。本来は、労働と貯蓄だけではなく、資産所得を増やせる金融商品にも分散投資するのが、お金の使い方の「常識」なのです。

投資はある程度まで貯蓄ができてから

勘違いされると困るのですが、私は決して「貯蓄はしないほうがいい」といいたいわけではありません。仕事で稼いだお金を将来のために貯めておくのは大事なことです。それ自体が、生活上のリスクや不安を軽くしてくれます。

それに、「貯蓄より投資を」といっても、まずは元手（増やす前のタネ）となる蓄えがなければ投資にお金を回すこともできません。日本経済が長く低迷し、賃金が上がらないこともあって、いまは「貯蓄ゼロ」の人も増えています。貯蓄ができない経済状態の人は投資もできません。

ある程度まで貯金ができたところで、その一部を投資に回して資産所得を増やすのが、基本的なやり方です。

ですから、たとえば、まったく貯金のない20代の会社員に、いきなり「銀行預金は損だから投資をしなさい」というつもりはありません。若いうちは、「自分への投資」といいながらいろいろなことにお金を使うのも（借金さえしなければ）悪くありません。詳しくは第7章でお話ししますが、たとえば100万円ほど貯金ができて、当面はそれを使わずに生活できるなら、投資を考えていいでしょう。

むしろいまの日本で問題なのは、「ある程度の貯金ができた人」がなかなか投資にお金を回さないことです。「貯蓄から投資へ」というメッセージをいちばん強く伝えたいのは、そういう人たちです。

せっかく資産を持っていても、たとえば1000万円という大金でも銀行預金でつく利子は1年で1万円程度にしかなりません。しかも今後はインフレが定着すると思われるので、多少金利が上がったとしても預金自体はどんどん目減りしていきます。大切な資産を本当に守りたいなら、預金の何割かを利回りのよい金融商品に分散投資するのが得策です。

そのための金融商品が「インデックス投資信託」なのですが、あとで詳しく説明するのでここではとりあえずその名前だけ覚えておいてください。

資産を投資に回すのは「大人の責任」でもある

また、「貯蓄から投資へ」は自分の暮らしを守るために必要なだけでなく、社会全体のためにもなります。

巨額の金融資産が銀行に預けられたままでは、経済は活性化しません。やや逆説的ない い方になりますが、「貯蓄ゼロ」の人を減らすためにも、資産のある人々の貯蓄率を下げて、投資にお金を回すことが必要です。投資が増えて景気がよくなれば、賃金が上がって貯蓄に回す余裕も生まれるでしょう。するとますます投資に回るお金も増えて、景気もますますよくなる……というよい循環《じゅんかん》が生まれるからです。

社会にそのようなよい循環をもたらすのは、幸運にも多くの資産を持つことができた人々が果たすべき「大人の責任」でもあると私は思います。

人間は誰しも、ひとりでは生きていけません。そして経済は、まさにその社会で暮らす人たちがみんなで支えるものです。

多くの資産を持つことができたのは、もちろん本人の努力の結果でもありますが、たまたま時代に恵まれたという面もあるでしょうし、なにより経済を回している社会が存在しなければその資産は生まれません。その経済を停滞させないように努めるのが、責任ある大人の態度です。政府の経済政策も重要ですが、国民一人ひとりが投資という形でも経済に参加する姿勢を持たなければ、日本の経済力はますます低下し、国際的な存在感も落ちる一方になってしまいます。

とはいえ、資産を持つ人たちに「世のため人のために貯蓄を吐き出して犠牲になってくれ」という話ではありません。貯蓄が投資に回って経済が発展すれば、その恩恵は投資した人たちにも返ってきます。人々の賃金が上がって景気がよくなれば、投資の効果もそれだけ大きくなるでしょう。「貯蓄から投資へ」の変化は、社会のためでもあり、自分自身のためでもある――まさに「情けは人のためならず」なのです。

また、「大人の責任」という観点からは、高齢者のみなさんにもぜひ投資をしてほしいと思っています。

一般的には、高齢者はあまりリスクを取った投資をしない方がよいといわれています。たしかに、自分の財産のことだけであればそのような考え方にも一理あります。貯蓄を取り崩しながら亡くなるまで過ごすことができればよいと思えば、投資をしてリスクを取る必要はないともいえます。もちろん、それほど蓄えのない方や、自分の孫やひ孫にお金を使いたいという方は無理に投資をする必要はないのですが、比較的余裕があり、決まった使いみちもない高齢者のみなさんには、ぜひ「インデックス投資信託」に多少でも投資してほしいと思います。

これはもう経済合理性の話ではなく、社会のためにお願いしますという話でしかないのですが、幸いにも財産を築かれたみなさんには、投資することが社会貢献にもなるのだと知っていただければありがたいと思っています。

なお、すでに大きな消費活動や寄付をされている方はそれを減らしてまで投資に回す必要はありません。消費や寄付に回されるお金がもっとも重要なので、それを減らしてまで投資をするというのは本末転倒ですから。

金融庁の「貯蓄から投資へ」は、これまで金融サービスを使いやすくしたり、税金を安くしたりと、「投資するといいことがあるよ」ということをアピールして投資する人を増やそうという作戦でした。

しかし、それでは「これ以上儲けなくてもいいし余計なリスクはとりたくない」という人にはあまり効果がないと思います。

実際、シミュレーションをしてみても、「投資をしたから老後の貧困を回避することができた」というほど投資のインパクトが大きいケースは多くなさそうで、身も蓋もないようですが、収入に見合った生活をして堅実に貯蓄を増やせる人は、投資をしてもしなくても老後困ることはあまりなく、浪費して貯蓄ができない人は、投資をするにしても、そもそも大きな元手を確保できないので老後の貧困を回避するまでにはいかないというケースが多いようです。

もちろん、貯蓄のある人がインデックス投資信託で運用していれば一定規模の儲けは期待できますから、旅行する回数が増えたとか、回らない鮨を食べに行く回数が増えたとか、メリットは十分あるのですが、慎ましく暮らしている人に「もっと贅沢《ぜいたく》できますよ」と伝えてもなかなか響かないかもしれません。

そういった人には「ある程度の貯蓄がある人は投資をするのが社会貢献で、高度に複雑化した経済社会で暮らす日本の大人としての責任なのだ」ということを理解してもらえれば、少なからず貯蓄から投資への流れを促進することもできるのではないかと思います。

ただ、これも役所がいうのはけっこう大変なのです。というのも、いい方を間違えると「産めよ増やせよ」「欲しがりません勝つまでは」のようなスローガンになりかねず、現代の民主主義社会ではなかなか受け入れられないものになってしまいます（そもそも役所というのは、つい上から目線になり、いい方を間違えることが多いのです。それが「老後資金2000万円問題」の遠因《えんいん》でもあります）。

とはいえ、たとえば地震や風水害などの災害があったとき、多くの人が、多少なりとも「寄付をしないといけないな」という気持ちになるのではないでしょうか。投資についても同じ気持ちを持ってもらえればよいと思います。

「第1の矢」までは効果があったアベノミクス

ここまでの話を読みながら、こう思った人もいるでしょう。

「インフレで銀行預金が目減りしてしまうのなら、たしかに投資をしたほうがいいかもしれない。でも、だったらインフレを止める政策を行ってもらったほうが安心だ。物価が上がらず、預金も目減りしないのだから、生活が楽になる」

たしかに、物価の激しい上昇は私たちの生活を苦しめます。あまりにも極端なインフレを防ぐための施策が求められるのは当然でしょう。

しかし一方で、経済が成長するときには適度なインフレを伴うのもたしかなことです。逆に、物価が下がっていくデフレは、経済が落ち込んでいることのあらわれ。この30年間、日本は物価がどんどん下がりましたが、私たちの暮らしは楽になっていません。経済成長率が低下して、収入が増えなかったからです。

そのあいだ、アメリカや中国など経済が好調だった国々は高いインフレ率を示しました。いま海外旅行をすると、どこへ行っても物価の高さに驚きます。しかし経済成長によって豊かな社会にしようと思ったら、「物価の安い日本は暮らしやすい」などといっている場合ではないでしょう。ある程度のインフレは受け入れなければなりません。社会全体が豊かさを享受《きょうじゅ》するためには、いわば「ジリ貧」状態のデフレから脱却して、インフレに負けないぐらい強い経済を目指すべきです。

インフレは「若者にやさしく高齢者に厳しい」経済状態だともいえます。仕事ができなくなった高齢者は、決まった年金と、貯蓄の取り崩しで生活していく必要がありますが、そのどちらもインフレで目減りしていくので、高齢者にとってはツラい経済状態です。

逆に、体を資本に労働で稼げる若者にとっては、たとえ手元の貯蓄は少なくても、モノやサービスが売れて、人手不足になって雇用条件もよくなりやすいインフレのほうがありがたいはずです。

実際、少子化もあいまって労働市場は売り手市場といわれるようになっています。20年前、私が大学生のころは時給800円でもバイトが集まりましたが、今は1000円でもなかなか集まらない時代です。

高度経済成長期の失業率は1％程度で、会社が潰れてもすぐに仕事が見つかるような社会状況でした。失業率はバブル崩壊後、最高で5・6％にまで上昇したものの、最近は2・5％程度で推移しています。

インフレではモノの値段も上がりますがヒトの値段も上がります。つまり、仕事を見つけやすくなったり給料が上がりやすくなったりするということです。デフレではたしかに物価は上がりませんが、賃金はそれ以上に上がらないので、実質的には給料が下がるのと同じです。

1995年までは物価よりも賃金のほうが上がっていました。それ以降は物価がほぼ上がらないか下がっている「デフレ状態」ですが、賃金の上昇率はそれ以下なので、実質的には賃金が下がっているのと同じことです（図3参照）。

なお、日本では最近インフレに転換しつつありますが、賃金がインフレ率ほど上がっていないので、やはり物価に対する賃金（実質賃金といいます）は下がっています。ただ、図3を見てもわかるようにデフレに戻ってもこれは解決しません。デフレに慣れきった経

図3　賃金および物価上昇率の推移

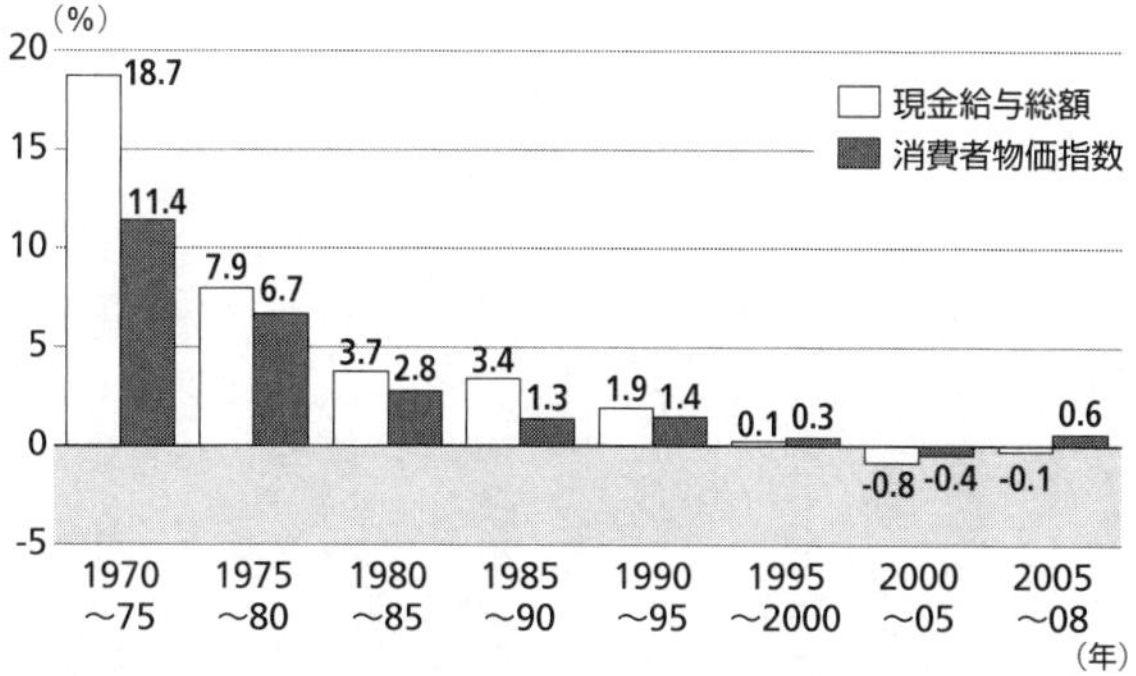

資料出所：総務省統計局「消費者物価指数」、厚生労働省「毎月勤労統計調査」より厚生労働省労働政策 担当参事官室にて推計
（注）現金給与総額は、事業所規模30人以上。消費者物価指数は、総合。

https://www.mhlw.go.jp/wp/hakusyo/roudou/09/dl/02_0001.pdf

済を、諸外国のようにインフレが通常の経済だという感覚に戻していくことがなによりも必要でしょう。

　また、デフレ経済では、働けなくなり一見、弱者に見える高齢者（それなりに貯蓄のある場合）にとっては、じつは年金も貯蓄も実質的に年々増えていく心地よい環境で、強者に見える元気な若者は、給料も上がらず、職も見つけられない厳しい環境にさらされるという、直感に反した逆転現象が起きていたのですが、政策はそう簡単には反転させられません。それまでのインフレ経済にあわせて、若者には自力でがんばってもらい、高齢者に対しては福祉を充実させるという方向性（福祉国家）をいきなり逆にすることはできないので、デフレ経済では「世代間対立《せだいかんたいりつ》」が起きてしまいます。

もちろん政策を変更して理不尽《りふじん》な世代間格差を緩和《かんわ》することも必要ですが、適切なインフレ経済にすることで、これまでの「福祉国家」のスタイルが違和感なく続けていけるようにするほうが、どちらかといえば簡単なのではないでしょうか？　若者は独力で、高齢者は福祉で、というのは道徳的にもおさまりがよいので多くの人が納得しやすいのではないかと思います。

バブル崩壊以降、経済政策はデフレ脱却をずっと目標として掲げてきました。故・安倍晋三首相が提唱した経済政策、いわゆる「アベノミクス」も、2％のインフレを目標にしていました。一般的な生活感覚からすると、わざわざ物価上昇を目指すことには違和感があったかもしれません。

でも、それ自体は、日本の経済成長を促す上で妥当なものだったと思います。2％程度のインフレで国民生活が揺らぐような経済では、高い成長率など実現できないでしょう。

アベノミクスは、金融緩和・財政出動・成長戦略という「3本の矢」を掲げていました。この政策がもたらした効果についてはさまざまな評価がなされていますが、私自身は、「第1の矢　金融緩和」は成功したと思います。

金融緩和とは、中央銀行（日本なら日本銀行）が金利を下げて、世の中に出回るお金の量（資金供給量）を増やすこと。こうすると、投資や消費などの経済活動が活発になりやすくなります。実際、安倍政権下では株価も上昇し、それによるデフレ脱却への筋道はつけられたのではないかと思います（なお、実際にインフレ転換への決定打になったのはロシアによるウクライナ侵攻でした）。

本書のテーマから外れてしまうので詳しくは述べませんが、「第2の矢」の財政出動と、「第3の矢」である成長戦略については不十分であったとの評価も多いようです。

「お金にお金を稼がせる」のは悪いことではない

そのため、「アベノミクスで儲かったのは株を持っている富裕層《ふゆうそう》だけだった」といった不満を口にする人も少なくありません。

たしかに、富裕層はよく株式投資などをしているので、そう見える面もあったでしょう。日本人の貯蓄率の高さを見れば、株をはじめとする投資商品で利益を得られている人は、「新NISA」が始まってかなり増えたとはいえ、まだ少数派です。

でも、そのすべてが富裕層というわけでもありません。本書を読み進めてもらえばわか

ります が、お金持ちではなくとも、投資によって利益を得る道はあります。

それによって何千万円もの資産所得を手にできる人は、たしかに少ないでしょう。しかし、物価の上昇率を上回る程度の利回りで資産を運用できる可能性は十分にあります。

ですから、四半世紀近く前からいわれていた「貯蓄から投資へ」がかけ声だけに終わらず、日本人の投資が増えていれば、アベノミクスの「第1の矢」のおかげで得をした人はもっと多かったはずです。もっと早く日本経済が復活して、アベノミクスなど必要とされなかったかもしれません。株価が全体的に上がったので、のちほど紹介する「投資信託」という比較的安全な投資商品を買った人は、かなりの利益を得たはずです。いまはまだ「少数派」ですが、そういう人たちが日本の「多数派」になるよう、もっと投資する人の割合や金額を増やさねばなりません。

投資で儲ける人たちに対して、なんとなく反感を持つ人もいるでしょう。額に汗して働いたり、一生懸命つくった物を売ったりすることに比べ、お金を動かすだけでお金を増やすのは日本人の美徳《びとく》に反するのかもしれません。

だから、実際は富裕層だけを儲けさせたわけではなく、誰でもそのチャンスはあったのに、「アベノミクスは金持ち優遇」という印象を持つのでしょう。

そもそも、投資でお金を稼ぐのはズルいことでも何でもありません。投資をする人は、汗をかいたり物をつくったりする代わりに、失敗して損をするリスクを負います。ノーリスクで資産を増やせる人はいません。

それに、世の中には新しい商品やサービスを生み出し、自分の事業（会社）を成功させるために資金が必要な人たちが大勢います。投資する人は、巡り巡ってそういう人たちの役に立つのです。投資のリターンはそのような貢献への報酬であるともいえます。

そして何度もくり返しますが、みんなが積極的に投資を行うようになれば、社会全体の経済が元気になるでしょう。自分の損得だけでなく、世の中の経済全体のことを考えれば、「お金にお金を稼がせる」ことへの抵抗感はなくなります。自分の投資が利益を生んだとき、社会そのものが豊かになっているはずなのです。

第2章

騙されないための心得

投資はギャンブルか

大切なお金を賢く使って、うまく増やすには、貯蓄だけでなく投資もやらなければいけない――前章では、そんなお話をしました。これまでは関心の薄かった人も、投資に対して多少は積極的な気持ちになってもらえたことと思います。

では、どのように投資すればいいのでしょうか。投資先となる金融商品は、世の中にたくさんあります。経験のない人は、何にどうやって投資すればよいのか簡単には決められないでしょう。

でも、焦ることはありません。むしろ、投資先を「簡単に決めない」のはとても大切です。前にもお話ししたとおり、どんな投資にも、失敗して損をするリスクがあるからです。

投資先を選ぶときにいちばん単純なのは、「できるだけ利回りの高い金融商品を選ぶ」という考え方でしょう。同じ金額を投資するなら、利回りが高いほうが得に決まっています。目の前にある金融商品の中から、もっとも大きな利益の出るものを選べばよいのですから、迷うことはありません。じつにシンプルです。

でも、そこにはリスクがつきまとうことを忘れてはいけません。利回りが高い投資先ほど、リスクも大きいのです。その点で、投資はギャンブルと似ています。

たとえば競馬《けいば》です。やったことがある人はご存じでしょう。一番人気の馬券《ばけん》が当たっても少ししか儲かりません。だいたい、100円が120円になる程度でしょうか。逆に、人気が低い馬券は、当たれば100円が1万円になったりするので「万馬券《まんばけん》」と呼ばれます。極端に人気の低い馬が勝って、100円で買った馬券が1億円を超えたこともありました。そこまでいくと、ほとんど宝くじのレベルです。

まさに一攫千金《いっかくせんきん》の夢のような話ですが、宝くじに当たるようなことはめったに起こりません。万馬券になるような馬の人気が低いのは、過去の実績や実力から見て、勝つ確率が圧倒的に低いからです。よほど運のよい人なら別ですが、万馬券ばかり狙《ねら》って競馬にお金をつぎ込む人は、きっと損ばかりしているでしょう。

投資もこれと同じで、利回りの高さだけで投資先を選ぶと、痛い目にあう確率が高くなります。利回りの高さとリスクの大きさのバランスを考えて、自分にちょうどよいものを選ばなければいけません。

競馬のようなギャンブル（バクチ）は、ほとんどの人が趣味でやっています。「当たるかな、当たったらいいな」とドキドキしますが、競馬ファンは、そのドキドキにお金を使っているのです。また、競馬はスポーツとしての側面もあり、特定の競走馬や騎手《きしゅ》のファンもたくさんいます。ですから、競馬ファンはいくらか損をしても「これも楽しみのうち」と受け入れられるのでしょう。

でも、投資は生活に必要なお金をうまくつくることが目的です。競馬ファンのように「この商品が好きだから損をしてもいい」とか、「この金融機関のためなら少しぐらい負けてもいい」というような「金融機関ファン」という存在はちょっと聞いたことがありません。お金のあり余っている人なら投資も「趣味」レベルでやれるかもしれませんが、ふつうの人はギャンブルのように損を前提にした投資などやれません。大切なお金を守るために、常にリスクのことを頭に入れておくべきです。

もっとも危険なのは「投資」を装った詐欺

ただし、万馬券狙いのギャンブルのような投資よりも、もっと危険で悪質なものがあります。

ギャンブルのように「運がよければ儲かる可能性があった」ならば、投資に失敗して損をしても、それなりにあきらめはつくかもしれません。大きなリスクがあることがわかった上で「万馬券」を狙ったのですから、自分の責任です。

それに対して、運がよかろうが悪かろうが、絶対に儲かるはずのない「投資」も世の中には存在します。いま「投資」とカギカッコをつけて書いたのは、そもそも本物の投資とはまったく違う、詐欺に近いもの、もしくは詐欺そのものだからです。

ギャンブルには、あらかじめ決められたルールがあり、参加する人もそれを承知しています。どんなに損をしても、それがルールどおりに行われた結果なら、誰も文句はいえません。金融商品への投資も同じで、出資する人には事前にルールが伝えられています。

でも、これからお話しする偽物《にせもの》の投資＝「詐欺」は、そのルールが守られません。事前に聞いていた話とは実態が違うという点で、詐欺はギャンブルとは、まったくの別物です。

つまり、お金を集める側が出資者を騙している。ギャンブルで損をしてもそれは「被害」ではありませんが、詐欺にあって損をした人は「被害者」になります。

ひとつ実例を挙げましょう。数年前、大学を卒業して社会人になったばかりの22歳の女性が、150万円の借金を苦にして自ら命を絶つという悲しい出来事がありました。お金は、消費者金融（いわゆる「サラ金」）で借りたものです。

銀行はお金を貸すときに相手のことをちゃんと調べて、返済できそうにない人には貸しません。しかし消費者金融はそのハードルが低いので、銀行よりも簡単にお金を貸します。返すあてのない人が、安易に利用すべきではありません。

おそらく彼女も、それはわかっていただろうと思います。彼女が150万円を借りたのは、「投資」に使うためでした。それがうまくいけば利益が出るので、借りたお金は返せます。

その「投資」は、大学の同級生からSNSを通じて勧誘されたものでした。

「海外に拠点を置く知り合いの会社が、AIを使って暗号資産《あんごうしさん》を運用している。そこに投資すれば、多額の配当が出る」――この話を信用した彼女は、消費者金融で借金までして、投資をしたのです。

インターネット上でやりとりできる暗号資産は「仮想通貨《かそうつうか》」とも呼ばれており、非常にリスクが高いのでそれ自体が投資初心者には向かないものですが、それについては第6章で説明しましょう。ともかく、投資先が何であれ、投資はある程度の貯金ができてからしなければいけません。自己資金のない人が、借りたお金で投資をするのは大変危険です。

彼女の場合、社会人になって奨学金の返済が始まるなど、まとまったお金がほしいという事情もあったようです。その「投資」がうまくいけば、お金の心配をせずに安心して生活ができると思ったのかもしれません。

でも実際には「投資」がうまくいくどころか、支払った150万円はまったく返ってきませんでした。同級生が紹介した会社は、「投資」を装って大勢の人からお金を集める詐欺グループだったのです。のちに警察が調べたところ、そのグループは国に登録せずに投資と称してお金だけを募り、全国で650億円もの巨額の金を集めていました。

私が世の中の金融教育で不満に思っていることのひとつが、金融詐欺、投資詐欺についての教育が少なすぎることです（もちろんしっかり触れられているものもありますが）。それが、「はじめに」でも触れた「金融教育を受けたほうがトラブルに巻き込まれやすくなる」という事実につながっているのではないでしょうか。

金融業界は詐欺と非常に相性のいい業界です。投資で資産を増やすことよりも、詐欺や（ギリギリ合法であっても）悪質な投資商品に食い物にされないことのほうがはるかに重要なのです。現状、大学生や新社会人は、その周囲を詐欺師がウロウロしている金融業界にノーガードで放り出されているわけです（高校で多少教わっているとはいえ）。悲劇を防ぐためにも、金融詐欺・投資詐欺について一定の知識は持っておかないといけません。

SNSで誘ってくる投資には近づくな

大勢の人々からお金を集める行為は、誰にでも許可されていることではありません。資格を得られるのは、国による一定の審査をクリアした者だけです。無登録で勝手に出資を募れば、出資法や金融商品取引法などのさまざまな法律に違反することになります。

実際、彼女を死に追い込んだグループのメンバーは、金融商品取引法違反の容疑で逮捕されました（※参考＝https://www3.nhk.or.jp/news/special/jiken_kisha/shougen/shougen47/）。しかし、詐欺グループが逮捕されても、被害者にお金が返ってくることはまずありませんし、なんといっても失われた彼女の命は取り返しがつきません。

こうした被害が生じる前に詐欺師を見つけて排除するのは、きわめて難しいことです。警察が捜査に乗り出すのは、騙された人が被害を訴えてから。そのため、こうした詐欺事件では次々と被害者が現れ、しかも次から次へと別の詐欺が起きています。

これから投資をしようと考えている人にとって、詐欺はもっとも大きなリスクです。投資には「予想したほどの利回りにならなかった」とか、「元本割れしてお金が減ってしまった」といったレベルの失敗もありますが、詐欺師に騙されたら、それどころの話ではありません。最初から儲かる可能性などなく、一瞬にして大切なお金をまるごと失うのです。

いま紹介した仮想通貨の詐欺もそうでしたが、人を騙そうとする儲け話は、その大半が向こうからやってきます。もちろん違法であることを自分からいうわけもなく「合法な投資」であることをうたってカモを探しています。

とくにいまはインターネットが普及したことで、詐欺師が不特定多数の人にアプローチすることが容易になりました。この数年、発覚した投資詐欺事件の多くは、フェイスブック、インスタグラム、LINEといったSNSを利用したものです。

たとえば、フェイスブックで見知らぬ20代の女性とつながった高齢男性が、仮想通貨への投資をすすめられる。あるいは、投資に関係するネット広告を見たら「あなたがしている投資よりFX《エフエックス》をやったほうが儲かります」という広告が表示される。――そういった話は、ネット上に山ほどあります。

ちなみに「FX」とは、ドルやユーロなどの通貨の為替変動《かわせへんどう》を予想して投資し、買った通貨が値上がりすれば儲かるというもの。これも詳しくは第6章でお話ししますが、きわめてギャンブル性が高くて危険なので、まったくおすすめできません。ギャンブル依存症《いぞんしょう》に陥《おちい》る危険性も高いものなので、興味本位で手を出さないようにしましょう。投資の世界におけるいわば「合法ドラッグ」のような存在です。一生やらなくてもまったく問題ありません。「貯蓄から投資へ」の「投資」の中にFXは含まれていないと考えてください。

大勢から少しずつお金を集めるのはすべて詐欺だと思え

向こうからやってくる儲け話は、もちろんネット上だけのものではありません。電話による勧誘もありますし、営業マン風の人物が訪ねてくることもあるでしょう。「投資セミナー」のようなイベントにたくさんの人を集めて、投資のプロを自称する講師が「みなさんにだけ儲かる方法をお教えします！」などと講義を行うのも、よくあるパターンです。

いずれにしろ、儲けの大きい投資の話をすすめられたら、まずは疑ってかかりましょう。「否定から入るのはよくない」とはよくいわれますが、投資に関しては絶対に疑うことから入らないといけません。というのも、簡単に大きな利益が出そうな「おいしい儲け話」は、それが本物であれば、ふつうの人のところには持ち込まれません。

ここでいう「ふつうの人」とは、大金持ちではない人のことです。もし本物の儲け話があって、それを仲介することで手数料収入などを得ようとするなら、あまりお金を持っていないふつうの人を相手にしようとは思いません。

それはなぜか。仮に、ふつうの人が投資に回せるお金が100万円だとしましょう。全体で1億円の投資額が必要だとしたら、100人からお金を集めなければなりません。断る人もいますから、勧誘の声をかける人数はその何倍にもなります。

お金持ちを相手にすれば、そんな手間はかかりません。大きな投資に慣れた富裕層には、それが本当に儲かりそうだと判断すれば、1億円ぐらいならポンと出す人がいくらでもいます。そういうお金持ちをひとりだけ口説き落とせば、目標額の1億円は達成できてしまうのです。何人かには断られるかもしれませんが、100人にお金を出させるよりもはるかに楽なのは間違いありません。

しかも先ほどお話ししたとおり、不特定多数の人たちからお金を集める行為は、法律で厳しく規制されています。その資格を得るための国の審査をクリアするのはかなり面倒です。それに対して、富裕層に投資をしてもらう場合は、そういう法的な縛りがとても緩かったりします。その意味でも、お金持ちを相手にしたほうが手間がかからないのです。

それなのに、わざわざ100倍もの手間をかけて、ふつうの人たちからチマチマとお金を集めようとするのは、その儲け話が投資経験が豊富なお金持ちには相手にされないものだからか、もしくはそもそも詐欺だからでしょう。日頃からさまざまな投資を行っている富裕層は、その投資先が「本物」かどうかを見抜く目が養われています。それを嫌って、手間をかけても投資の素人《しろうと》からお金を集めようとするのは、その儲け話が「偽物」だから。要するに、騙しやすい相手を探しているのです。

ですから、ふつうの人を勧誘してお金を少しずつ集めている時点で、その「おいしい儲け話」はまったく信用できません。本当に儲かる投資なら、自分でやるか金持ちを探すかのどちらかです。これさえ頭にしっかり叩き込んでおけば、ほとんどの詐欺被害は防げるはずです。投資の世界で性善説は通用しません。「否定から入るのはよくない」などというスタンスでは金融地獄を渡っていくことはできません。

投資詐欺の多くは「ポンジ・スキーム」

ただし巧妙《こうみよう》な投資詐欺の中には、一見すると本当に運用による利益が出ているように勘違いさせるものもあるので、気をつけなければいけません。

そういう詐欺は、ほとんどが同じ手口です。その名も「ポンジ・スキーム」。20世紀初頭のアメリカで「天才詐欺師」とも呼ばれたチャールズ・ポンジ（1882〜1949）という人物に由来するスキーム（仕組み、枠組み、構造というような意味です、最近よくつかわれるビジネス用語です）なので、そう呼ばれるようになりました。これは古い詐欺手法ではあるのですが、現代でも巨額の被害を出しつづけているとても強力な詐欺スキームです。

その仕組みを説明しましょう。まず、「元本保証のノーリスクでこんなに儲かる」といったおいしい話をエサにして、多くの出資者からお金を集めます。最初から騙すつもりですから、もちろん運用はしません。

ところが、出資者にはやがて「配当金」が支払われます。運用もしていないのに、一体どこからそんなお金が出てくるのでしょうか。

答えは簡単で、「あとから投資に参加した人の出資金」です。その一部を自分のフトコロに入れつつ、前に出資した人たちにも、約束した利回りに相当するお金を「配当金」と称して支払うわけです。

たとえば100万円を出資した人に「年利20％」を約束していたなら、1年後に支払う配当金は20万円。100万円の元本が返ってくるわけではありませんが、最初に20万円の利益が出たのですから、出資者はそのまま預けておけばさらに増えると思い込むでしょう。だから、「元本を返してくれ」とはいいません。むしろ、もっと多くのお金を預けたくなります。また、この「配当金」の支払いを「運用の実績」としてアピールすれば、信用して「自分も儲けたい」と投資する人も増えるでしょう。

でも、こんなやり方がいつまでも続くわけがありません。集めた出資金そのものはまったく利益を生んでいないのですから、出資者がどんどん増えていかないかぎり、お金は減っていきます。そのうち偽の「配当金」も払えなくなり、出資者が「元本を返せ」と要求しても、そんなお金はどこにもない。それを要求すべき相手には連絡がつかなくなり、いずれはお金ごとどこかに消えてしまうでしょう。

最初は騙すつもりはなかった安愚楽牧場事件

この「ポンジ・スキーム」による詐欺は、最初から人を騙すつもりで始めたものばかりとはかぎりません。本物の投資としてうまくいくと思って始めたものの、それほどよい成果が得られなかったために途中でお金が回らなくなり、結果的に詐欺になるケースもあります。

たとえば史上最大級の消費者被害を生んだ「安愚楽《あぐら》牧場事件《ぼくじょうじけん》」では、最初は人を騙すつもりではなかったようです。ところが、経営が苦しくなるにしたがって、次第に自転車操業状態になり、最終的には被害者はおよそ７万人、被害総額はおよそ４２００億円もの巨大な被害を生み、最終的に2011年に会社が経営破綻した事件です。

安愚楽牧場が行っていたのは、和牛オーナー制度（和牛預託商法《よたくしょうほう》）というものですが、まず子牛《こうし》に出資してもらい、それが育って成牛《せいぎゅう》になったときに出資額よりも高い値段で売って、その差額を配当金として支払うもの。「そんなにうまくいくのかな？」と思う人もいるでしょう。

でも安愚楽牧場の和牛オーナー制度は、のちに国会議員にもなった経済評論家が「13・3％の高利回りは驚異的」「元本は保証つき」「リスクはありません」などと雑誌記事で称賛したこともあり、広く信用を得ました（ただし、その国会議員は、その当時はまだ安愚楽牧場の経営破綻が確実というほどではなかったという理由で法的な責任は問われませんでした）。

バブル崩壊によって金利や株価が下がった時期なので、和牛が確実で魅力的な投資先だと感じられたこともあるでしょう。安愚楽牧場以外にも、和牛オーナー制度を手がける会社はたくさんありました。決してめずらしい投資商品ではなかったのです。

ところが、その仕組みはあまりうまくいきませんでした。たくさんあった和牛オーナー制度は次々と破綻し、最後に残ったのが安愚楽牧場です。

経営が苦しくなった安愚楽牧場は、あとから出資した人のお金を先に出資した人の配当として支払う自転車操業を始めました。まさに「ポンジ・スキーム」です。出資者の人数より子牛の数が少ないことを隠したり、子を産まないオス牛を「繁殖牛《はんしょくぎゅう》」と偽《いつわ》って販売したりもしていました。

たとえ当初は騙すつもりがなく、まじめに始めた事業だとしても、失敗が見え始め、破綻が近づいて、お金に困れば犯罪行為に手を染めてしまうのが人間の弱さ。安愚楽牧場の経営陣は、特定商品預託法違反罪《とくていしょうひんよたくほういはんざい》に問われ、有罪判決を受けました。

でも、被害を受けた出資者のお金は返ってきません。先ほどは、ネットなどで投資をすすめる見知らぬ他人を信用してはいけない、という話をしました。それについては眉《まゆ》に唾《つば》をつけて見る人が多いと思いますが、誰でも知っている著名人がすすめていると、つい信用しそうになるものです。しかし著名人が「これは必ず儲かります！」などとお墨付きを与えていても、それを鵜呑《うの》みにしてはいけません。

ひとり暮らしの高齢者を狙った豊田商事の「現物まがい商法」

安愚楽牧場の場合、内容はお粗末なものだったとはいえ、投資対象である和牛はたしかに牧場で育てられていました。それに対して、投資対象がまったく存在しないのに、それに出資させる「現物まがい商法」という詐欺もあります。

安愚楽牧場事件が起こるまでは史上最悪ともいわれる被害を出した「豊田商事事件《とよたしょうじじけん》」がそうでした。1985年に社会問題化した事件です。

その被害者は全国で3万人超、被害総額はおよそ2000億円。私はまだ幼かったので、リアルタイムでは知りません。しかし被害規模の大きさに加えて、新聞社やテレビ局の取材陣の目の前で豊田商事のトップが刺殺《しさつ》されるという衝撃的な出来事もあったため、40年が経ったいまでも、投資詐欺の話になると必ず引き合いに出されます。

豊田商事が扱った投資対象は、金地金《きんじがね》（ゴールドバー、金塊）でした。金は、価値が下がりにくい安定した資産なので、昔から人気のある投資対象です。

しかし豊田商事は、金地金を購入した出資者に現物を渡さず、「純金ファミリー契約証券」と名づけた紙切れだけを渡しました。客を信用させるために、営業所には金の延べ棒が山積みされていましたが、これはのちに偽物だったとわかっています。安愚楽牧場と違って、はじめから出資者を騙す気まんまんだったわけです。

この事件の特徴は、被害者の多くがひとり暮らしの高齢者だったこと。まず電話で勧誘し、投資に興味がありそうな相手を見つけると、自宅を訪問して口説きました。玄関先で話をするだけではありません。家の中にも上がりこみ、お年寄りの身のまわりの世話をするなど、親切に振る舞うことで相手の信用を得ようとしました。毎日のようにひとり暮らしの寂しいお年寄りの話し相手になって信用を得ると、ニセの投資の話を持ち出して、老後のための資金をまるごといただく、という極悪非道《ごくあくひどう》としかいいようがないスキームです。「豊田商事」という社名も、トヨタ自動車と関係があると思わせるためにつけた名前だそうで、詐欺師はあの手この手で人を信用させようとしてきます。他人が持ってきた儲け話は絶対に信用してはいけません。

余談ですが、ポンジ・スキームは「最初配当を出して客を信用させること」が要件なので、一切配当を払っていなかった豊田商事事件は厳密にはポンジ・スキームではないことになります。ポンジ・スキームよりももっとひどい事案だったということです。

豊田商事事件からおよそ40年が経ち、日本社会は当時よりもはるかに高齢化しています。いわゆる「オレオレ詐欺」をはじめとする特殊《とくしゅ》詐欺もそうであるように、お金をたくさん貯め込んでいる高齢者は、詐欺師にとっていちばん狙いやすいターゲットでしょう。最近もジャパンライフ事件（被害総額約2100億円）というポンジ・スキームを使った事件もありました。まだ発覚していないだけで、現在進行形であちこちで大勢のお年寄りが騙されている可能性は十分にあります。高齢者自身が気をつけるのはもちろん、ひとり暮らしの親を持つ年代の人たちも、日頃から声をかけて注意を促すなど、用心しなければいけません。もちろん、高齢者は狙われやすいというだけで、若い世代も詐欺師のターゲットです。

詐欺事件のニュースを見たとき、私たちは「なぜこんな話を信用するんだ。自分なら絶対に騙されない」などと思いがちです。最初から詐欺の話だとわかって聞けば、誰でもそう感じるでしょう。でも、詐欺師の話術は巧《たく》みです。そう簡単にはウソを見抜けません。

2023年に、コンゴの鉱山への投資だと偽って4億5500万円を不正に預かった詐欺事件が発覚しました。主犯格の男は、キーエンスという超一流企業の元社員。その経歴で信用した人もいただろうと思いますが、この男はキーエンスに勤務していた当時も、ポンジ・スキームで会社の同僚を騙していたといわれています。

半導体や電子機器などを手広く扱うキーエンスは、高学歴の優秀な人材ばかりが集まった会社です。社員の平均年収は約2000万円。それぐらい有能で頭のよい人たちでも、詐欺師の儲け話に乗ってしまうのです。逆に考えれば、詐欺師というのは口がうまく、人当たりもよく、人に信用されるからこそ詐欺師なのです。「自分だけは騙されない」と思っている人を騙してきたからこそ詐欺師としてやってこられたのでしょう。詐欺を見抜くのは本当に難しいことなので、誰の持ってきた話であっても「おいしい儲け話」には耳を貸さない、「インデックス投資信託以外の投資はしない」と心に決めておくべきです。

これは幼児に「知らない人についていってはいけません」というのと同じことです。詐欺師の前ではあなたも幼児同然。儲け話には「インデックス投信以外はやらないと決めている」と返しましょう。

高利回りの不動産投資で被害を出した「かぼちゃの馬車」事件

もうひとつ、大きな社会問題となった投資被害事件を紹介しておきます。

こちらの投資対象は、不動産。女性専用のシェアハウスを建てた会社が、その物件を購入した人に家賃収入を保証（サブリース）するものでした。売ったシェアハウスの名前から「かぼちゃの馬車事件」と呼ばれています。

サブリースとは、オーナー（持ち主、大家さん）から不動産を一括して借り上げた会社が、その物件を賃貸に出すなどして運用し、そこで得た利益から手数料を差し引いた金額をオーナーに支払うという仕組みです。

「かぼちゃの馬車」を仕掛けたスマートデイズという会社の売り文句は「30年間家賃保証」「利回り8％以上」でした。このシェアハウスは1棟1億円以上で販売されていたとのことですから、年利8％以上なら年間の家賃収入は800万円超ということになります。

それが本当ならば、不動産投資としてはかなりの高利回り。1億円をまとめて用意できる人はあまりいませんが、購入資金を銀行から借りてローンを払い続けても、その利子より家賃収入のほうが多いので十分に儲かります。

とはいえ、銀行のローン審査は厳しいので、担保となる資産を持たない一般人は、ふつうなら1億円もの額の融資は受けられません。ところがこのサブリース事業には、協力的な銀行がありました。それがスルガ銀行です。このときスルガ銀行は、ふつうなら審査を通らない人たちにも積極的に融資を行ったのです。

しかも、ふつうは頭金が必要ですが、「かぼちゃの馬車」の購入者は、それも不要でした。そのため、会社員や公務員、医者などが多額のローンを組んで、「かぼちゃの馬車」を購入したのです。

スマートデイズにもスルガ銀行にも、不正な行いがありました。

まず、スマートデイズは「かぼちゃの馬車」を建設する施工会社から、「コンサル料」という名目でなんと50%ものキックバック（謝礼金）を受けていました。おそらく、このキックバックで儲けるのがスマートデイズの目的で、サブリース事業はその手段にすぎなかったのでしょう。

いずれにしろ、施工会社としては、スマートデイズに「コンサル料」を払っても自分たちの利益が出るように、施工費をふつうよりも高くせざるを得ません。そのため、「かぼちゃの馬車」は相場よりも高額な物件になりました。オーナーとなった人たちは、本来なら5000万円ぐらいの価値しかない不動産を1億円で買わされてしまったのです。

「投資のための借金」は絶対にダメ

また、スルガ銀行もこのおかしなサブリース事業に手を貸していました。オーナーへの融資を担当する行員は、担保が不十分で本来なら審査を通らない人の預金通帳を偽造するなどして、十分な担保があるように見せかけていました。また、本当に頭金が不要だったわけでもありません。こちらもウソの書類をつくって、頭金を払ったかのように見せかけていました。誰もが信用する名のある銀行でも、こういう不正に手を染めることがあるのです。

実際の家賃の半分くらいの価値しかないシェアハウスでは、当然、入居希望者も少なく、入居率は40%程度だったそうです。家賃保証をしていたスマートデイズの経営も当然厳しくなっていきます。

結局、資金難に陥ったスマートデイズは2018年に破産《はさん》。およそ1000人の被害者が出ました。被害総額は1500億円以上ともいわれています。

困ったのは家賃保証をあてにしていたシェアハウスのオーナーです。1億円も借金をして買ったシェアハウスが全然お金を生まないわけですから、当然返済もできなくなってしまいます。オーナーたちは被害弁護団を結成し、悪徳業者に手を貸したスルガ銀行に解決を求めるよう、裁判所に調停を申し立てました。その結果、オーナーが「かぼちゃの馬車」の土地と建物を投資ファンドに売却することで、銀行からの借金を帳消《ちょうけ》しにできることになったのは、不幸中の幸いといえるでしょう。

この事件は、資金力のあるスルガ銀行が関わっていたので、そのような解決ができました。でも、これは特別なケースだと思ったほうがいいでしょう。このような投資被害が出ても、多くの場合、ほとんどの被害者が泣き寝入りすることになります。

もちろん、不正を行った業者や銀行が悪いのはいうまでもありません。しかしオーナー側も、もっと投資についての知識を持ち、慎重に考えていれば、これほどひどい目にはあわずに済んだはずです。すべての投資にはリスクがあるということを知っていれば、「こんなうまい話があるわけがない」とどこかで気づけたかもしれません。

かぼちゃの馬車の場合は、スマートデイズが家賃保証できなくなるリスクがあったということになります（これを「信用リスク」といいます）。「この会社に、本当に家賃を保証できるほどの財力があるのか？」と疑う必要があったわけですが、こういった会社は巧妙にリスクを見えづらくして、顧客のメリットだけを強調して営業をしています。素人に見抜かれるようでは商売になりませんので、投資の知識がないみなさんは見抜くことはできないでしょう。やはりもっとも有効な防衛策は、そもそもこういった投資に手を出さないことです。

また、投資のための資金を借金でまかなうのは、たいへん危険です。投資がうまくいかずに利益が出なかったとしても、借金は（自己破産をしないかぎり）返さなければなりません。

「投資のための借金は絶対にしない」——初心者が安全に投資をする上で、これもなによりも大切な心得だと思ってください。第6章で説明する「FX」というギャンブル性の高い投資商品も、借金をして投資をするのと本質的に同じ仕組みになっています。

「自称中級者」がいちばん危ない

ここまで、いろいろな金融トラブルについてお話ししてきました。みなさんも、「ちゃんと勉強して金融トラブルにあわないようにしよう」と思ったかもしれません。でも、ひとつ注意しておくことがあります。それは、「自称中級者」がいちばん危ない、ということです。

では「はじめに」で紹介した図1のグラフ（4ページ）をもう一度、見てください。

これは、金融広報中央委員会というところが実施した調査です。これによると、「金融教育を受けたけれどもあまり金融リテラシーが高まらなかった人」は、「金融教育を受けておらず、金融リテラシーが低い人」のなんと3倍以上も金融トラブルにあっているということが示されています。

金融リテラシーの高い人のあいだでは3倍もの差はありませんが、それでも金融教育を受けた人のほうがわずかに金融トラブルの経験率が高くなっています（ただし、このくらいの差であれば誤差の範囲内かもしれません)。これでは、金融教育など受けないほうがマシだということにもなりかねません。

このデータの解釈の仕方はいろいろあると思いますが、「金融教育を受けて生半可な知識で投資に手を出した結果、トラブルに巻き込まれた」という可能性が高そうに思えます。「勉強したから大丈夫」という「自称中級者」など、海千山千《うみせんやません》の金融機関の営業マンや詐欺師にとっては、警戒心が下がっている分、むしろ食い物にしやすいのかもしれません。もちろん、トラブルにはあったけれどもほかの投資で儲かったのでトータルではプラスになったという可能性もありますが、やはり金融トラブルにあわずに済むならそれに越したことはないでしょう。

このようなことにならないためには、「インデックス投資信託以外はやらない」という心構えがとても有効です。もちろん、インデックス投資信託でも損失が出ることはありますが、それは「金融トラブル」ではないのです(損をするなら一緒だよといわれるかもしれませんが)。少なくとも、ものすごくハイリスクな商品をつかんでしまったり、詐欺被害にあったりすることはまずありません。

世の中の金融教育では、金融業界に遠慮してか、はっきりと「インデックス投資信託以外の投資はすべきではない」といっているものは少ないように思います。そのせいで、投資初心者がハイリスクな商品や詐欺的な商品に手を出して金融トラブルにあっているのだとしたら、ひどい話です。

投資は「正しく怖がる」のが大切

私は本書を通じて、多くの人に投資を始めてもらいたいと思っています。ですから、みなさんが必要以上に投資を怖がるような話はしたくありません。

それなのに、本章では「おいしい儲け話」のおそろしさをいくつも伝えてきました。前章でせっかく投資する気になったのに、また腰が引けた人もいるかもしれません。

でも、これからよい投資をしていくためには、「自称中級者」の手前で、少し腰が引けているぐらいのほうがよいと思います。「必要以上」に怖がるのはダメですが、どんな投資にもリスクはあるのですから、「必要かつ十分」なレベルで怖がるのはとても大切です。

これまで日本は貯蓄率が高く、投資にあまりお金が回らなかったので、どちらかというと「怖がりすぎ」の人が多いことは間違いありません。しかしその一方で、投資のリスクを「侮りすぎ」の人も増えている印象があります。

「FIRE」という損な生き方

一部の若い人たちのあいだでは、なるべく早く仕事を辞めて、残りの長い人生を金融資産だけで食べていくライフスタイルが注目されるようになりました。「Financial Independence（経済的自立）、Retire Early（早期退職）」の頭文字を取って、「ＦＩＲＥ（ファイヤー）」と呼ばれています。

会社や仕事にしばられることなく、自分のやりたいことに時間を使って生きていきたい――人生で使える時間にはかぎりがありますから、そんなことができるなら自分もそうしたいと思う人はいると思います。たいしてやりたくもない仕事をしながら会社であくせく働くより、そのほうがカッコイイと感じる人もいるでしょう。でも、本当にそんな生き方が誰にでも可能なのでしょうか？

このムーブメントが生まれたアメリカでは、1年間にかかる生活費の25倍にあたる金額を貯蓄することがＦＩＲＥを実現するための目安とされています。日本の場合、年間の生活費は４００万円ぐらいでしょうか。だとすれば、ＦＩＲＥするためにはおよそ1億円を貯めなければいけません。

それを会社の給料だけで貯めるのは、まず無理です。会社員が入社から定年までに稼ぐ生涯収入は、大卒の人でだいたい3億〜4億円程度。給料を1円も使わずに貯金したとしても、20年ぐらいかかるでしょう。しかし、ずっと親に養ってもらうご身分でもないかぎり、そんなことはできません。

ものすごくがんばって生活費を切り詰めれば、給料の半分を貯金に回せるかもしれませんが、その場合でも1億円になるまでに30〜40年。下手をすれば定年を迎える年齢になっているので、まったく「早期リタイア」ではなくなっています。

ですから、1億円を貯めてからFIREを実現するのは、現実的ではありません。実際には、30代ぐらいで数千万円を貯めたところで仕事を辞め、FIREを始めるケースが多いだろうと思います。

しかし、それぐらいの銀行預金だけでは、残りの長い人生をまかなうには、もちろん足りません。銀行預金は利率が低いので、仮に4000万円の蓄えがあったとしても、10年ぐらいでなくなってしまいます。

したがって、FIREの生活は投資なしには成り立ちません。貯めたお金を利回りの高い投資商品につぎ込んで、給料の代わりに資産所得で生活費を捻出することになります。

でも、これは簡単ではありません。4000万円をすべて投資に回すとしたら、年40

0万円の生活費を稼ぐのに必要な利回りは10%。この高利回りで資金を運用し続けるのは、ギャンブルだけで生活費を稼ぐようなものです。投資のプロでも、損失を出さずに年利10%で何十年も運用するのは至難の業だと思います。

たとえそれだけの手腕があったとしても、その生活はかなり忙しいものになるでしょう。常に利回りのよい金融商品を見つけるために情報を集めなければなりませんし、その一方で、投資した商品の値動きをこまめにチェックする必要もあります。たとえば買った株式が値下がりしそうだとわかったら、すぐに売って別の株式を買う。そんな気の休まらない日々が続くのです。それでうまく稼げたとしても、会社で忙しく働くのと何が違うのでしょう?

それに、「絶対に投資だけで稼がねばならない」となると、「おいしい儲け話」に飛びつきやすくもなるでしょう。先ほどの安愚楽牧場の和牛オーナー制度などは、13%を超える高利回りを約束していました。ほかに収入の道がない人にとっては、じつに魅力的です。

でも、そんな危うい投資商品にうっかり手を出して「被害者」になってしまったら、FIREするために一生懸命に貯めたお金が一発で消えてしまうかもしれません。そういう危険との隣り合わせが、FIREという生き方です。実際、株価が上昇しているときにF

IREした人が、株価が下がってきたら「FIRE卒業」といってまた働かざるを得なくなる事態も起きています。なにを当たり前のことをいっているのかと思うかもしれませんが、「労働もする。もちろん投資もする」がベストなのです。

労働には金融資産1億円以上の価値がある

そもそも、数千万円の資産から生まれる資産所得は、どんなにがんばっても毎年数百万円。その利益は生活費になるわけですから、複利《ふくり》効果（第3章参照）も働きません。生活レベルは、ふつうの会社員と大差ありません。早期リタイアと聞くと、別荘やクルーザーなどを持つお金持ちが悠々自適にゴージャスな日々を過ごすようなイメージがありますが、FIREはそういうものではないのです。

贅沢な暮らしはできなくても、仕事上のしがらみから逃れて自由に生きたいと思うなら、FIREもひとつの選択肢ではあるでしょう。とはいえ、FIREも「お金のやりとり」というしがらみからは自由になれません。どういう形であれ、生活費を稼ごうと思ったら何らかのストレスは生じます。

また、どうしても働きたくないなら仕方ありませんが、前にもお話ししたとおり、体や頭脳という資本を投じて賃金を得る「労働」も、広い意味の投資であることを忘れてはいけません。しかも、これはどんな金融商品よりも高い利回りで運用できます。約40年で3億〜4億円もの「資産所得」を低リスクで確実に生み出せる金融商品は、労働以外にはまず存在しません。さきほどもいいましたが、これは金融資産にしたら1億円以上の価値があるといえます。

ですから、「何に投資すべきか」を考えるなら、第1候補は「労働」です。5年や10年で1億円も貯められるならFIREを目指すのも悪くないでしょうが、それができないなら、まじめに働くのがいちばん。仕事こそが、誰にとってもメインの「投資先」です。それ以外は、補助的なものにすぎません。働くことで得る収入で足りない分や、インフレによる貯蓄の目減りなどを、金融で補うのが投資の目的です。

それを基本として頭に叩き込んでおけば、ハイリスクのギャンブル的な投資に手を出すことも、「おいしい儲け話」に騙されることもないでしょう。それを踏まえて、次章からは具体的な金融商品・サービスについてお話ししていくことにします。

第3章

金融サービスの基礎知識

1 銀行

銀行が潰れても1000万円までは国が保証

ここからは、私たちの身のまわりにある「金融」の世界を具体的に見ていくことにしましょう。まずは損をするリスクが低い金融サービスの話をしてから、その次に、リスクはそこそこで、初心者の投資に向いている投資商品を紹介します。

さらに、それより大きなリターンが得られる可能性のあるものも取り上げますが、それはリスクがかなり高いので、これから投資を始める人にはおすすめできません。お金に余裕があり、投資経験も豊富な人が「趣味」としてやるべきものもあれば、手を出したなら大損するのを覚悟しなければいけない「ギャンブル」的なものもあります。先へ読み進めるほど、紹介するサービスのリスクが高まっていくことを、あらかじめ頭に入れておいてください。

では、なによりもリスクの低い金融サービスは何でしょうか。

それは「銀行」への預金です。信用金庫や信用組合、農協や漁協への貯金も同じと思ってください。ほとんどの人がすでに銀行口座を持っているので、使い方を説明するまでもないでしょう。あまりにも身近なサービスで、誰もが当たり前のように利用しているので、「金融商品」にお金を出しているという意識もないと思います。給料の振り込み、光熱費やクレジットカードの支払いなど、銀行口座はお金を出し入れする財布のようなもの。それらの決済をいちいち現金の手渡しでやっていたら大変なことになりますから、銀行とは便利なものです。

かつては銀行でお金を引き出すためには預金通帳と印鑑《いんかん》が必要でしたが、いまではキャッシュカードと暗証番号で引き出せますし、最近はスマホで引き出せる銀行も出てきました。ATMがコンビニに置いてある時代です。みなさんにとってもっとも身近な金融サービスが銀行のATMであることは間違いないでしょう。個人的に、ATMは史上もっとも成功したフィンテック（FinTech＝金融サービスと情報技術が結びついた革新的なさまざまな動き）だと思っています。

しかしこれも金融商品である以上、ただの財布や金庫とは違います。普通預金でも定期預金でも、それぞれ決まった預金金利があり、時間が経てば利息がつく。前にもお話ししたとおり、のちほど紹介する投資商品とは比べものにならないほど銀行預金の利子が少ないことを知るのが、「金融リテラシー」を高めるための第一歩です。

つまり、銀行にはいくらお金を預けても、いまの時代はまったくといっていいほど儲かりません。その代わり、表面上、リスクもないのが銀行預金の特徴です。

もちろん、リスクはゼロではありません。前にもお話ししましたが、銀行そのものが破綻するリスクはあります。

しかしその場合でも、1000万円までの預金（とその利息）は国の制度で保証されているので安心です。ちょっとした富裕層でも、近所のいくつかの銀行や信用金庫などに分けて預ければそれぞれの残高が1000万円を超えないようにすることは難しくないでしょう（それでも安心できないほど預金のある人は、「貯蓄から投資へ」の切り替えをすべきだと思います）。銀行は金融サービスの基本であり、社会や経済を安定させるために欠かせないものなので、政府としても多くの人々に安心して利用してもらう必要があるのです。

銀行がすすめるハイリスクな商品

ただし、リスクがほとんどないのは「銀行預金」であって、「銀行の金融商品」がすべて安全というわけではありません。銀行は預金以外にも、さまざまな金融商品を扱っています。その中にはリスクの高いものもあるので、「銀行がすすめるのだから安全だろう」という思い込みは避けなければいけません。

その典型例が、一般的に「仕組債《しくみさい》」と呼ばれる投資商品です。非常に複雑な「仕組み」を持つ「債券」なので、そもそも投資初心者はまず理解できないでしょう。

あえて簡単にいうなら「オプションやスワップなどのデリバティブ（金融派生商品）が組み込まれた債券」――となるのですが、これだけではチンプンカンプンで「ちっとも簡単じゃない」と苦笑する人が大半だと思います。詳しく知りたければ「仕組債」でネット検索してみてもいいとは思いますが、見たことも聞いたこともない難しい専門用語が飛び交い、ぱっと見ただけでは意味のよくわからないグラフなども出てくるので、たいていの人は「無理」とあきらめて閉じることになるでしょう。

でも、それでかまいません。きわめてハイリスクな商品ですから、初心者は理解しようとしなくてよいのでスルーしてください。日頃から「オプション」「スワップ」「デリバティブ」といった専門用語に馴染《なじ》んでいるタイプの人が、あくまでも「趣味」としてやるべきものです。

ところが実際には、そのリスクを十分に説明せずに仕組債を販売する銀行や証券会社が少なくありません。そのため、個人だけでなく地方自治体や大学などが大きな損失を出すケースが相次ぎ、社会問題になっています。

それを受けて、金融庁は2010年に監督を強化。仕組債の販売にあたっては、最悪のシナリオを想定した損失額を顧客が理解できるように説明しなければいけない——といった内容の文書を示しています。

念のためにいっておきますが、仕組債を販売すること自体は、法律違反ではありません。問題なのは、あくまでも「きちんと説明せずに販売すること」です。

ならばきちんと説明してから売ればよいのですが、いまも仕組債で損失を出した人たちからの苦情はなくなりません。2023年には、証券取引等監視委員会《しょうけんとりひきとうかんしいいんかい》が金融庁に対して、リスクをきちんと説明せずに仕組債を販売した地方銀行や証券会社の行政処分を求めました。「おいしい儲け話」を巧妙にすすめてくるのは、詐欺グループだけではないのです。

いまは銀行も左うちわで経営ができる時代ではないので、高い手数料が取れる仕組債などの商品を売らざるを得ないのかもしれませんが、やはりルールは守ってもらわなければいけません。

最近でも、地銀の名門である千葉銀行《ちばぎんこう》での不適切な販売が問題になりました。聞いたこともない、みるからに怪しい会社なら警戒心も起こるでしょうが、千葉銀行のような社会的信用の高い企業ですら、そのようなリスクの高い商品を紹介してくる可能性があるということです。一瞬たりとも油断はできません。

先ほど「リスクの低いものから紹介する」といったばかりなのに、いきなり仕組債という危ない商品の話になってしまいました。戸惑った人もいるでしょうが、投資は、どこにどんな落とし穴があるかわからないので、油断は禁物です。もっともリスクの低い金融商品である預金と、非常にリスクの高い部類の金融商品である仕組債が同じ銀行で扱われているのです。仕組債以外にも、銀行はいろいろな投資商品を扱いますから、とにかく普通預金・定期預金以外は何らかのリスクがあるものと思って、しっかりとした説明を受けましょう（仕組債と同様の性質を持つ「仕組預金」という預金もあるので本当に油断は禁物です）。どんなリスクがあるのかを丁寧に説明しないようなら、そんな銀行は信用してはいけません。

普通預金や定期預金のような「よく知っている銀行のサービス」以外の、銀行が扱う投資商品については、「○○銀行」という看板とは関係のない別のものだと考えましょう。金融トラブルでよくあるケースが「銀行がすすめてくる商品だったので安全なものだと思った」というものです。銀行預金は安心して使えるものだとしても、銀行に気を許してはいけません。

2 保険・共済

「めったに起きない大きな損失」に備えるのが保険

さて、銀行の次に私たちにとって身近な金融機関は何でしょうか。株式や債券などを扱う証券会社を思い浮かべる人が多いかもしれません。たしかに、証券会社も金融機関のひとつです。

でも、その業務は「投資」が中心。投資にあまりお金を使わず、銀行への貯蓄率の高い日本では、証券会社を身近に感じている人は少ないでしょう。

じつは、それよりもはるかに多くの人々が使っている金融機関があります。それは「保険会社」です。

私は大学院で生命保険について研究し、それで博士号を取得したので、保険がいちばんの得意分野でもあります（本当は保険の話だけで本を書きたいと思ったのですが、相談した人がみな「そんなの売れない」というので、まずはこの本を出しました）。そのときから日本の保険制度のあり方に疑問を感じており、それをもっとよいものにしたいと思って、金融庁に入りました。

でも役所では、自分の望むセクションにばかりはいられません。1、2年ごとに人事異動があり、私も在職中は保険とは関係のない部署《ぶしょ》でも仕事をしました。これでは、長い時間をかけてひとつの分野をじっくりと深掘りすることができません。それなら民間で自分のやりたいことをやったほうがいいと考えたのが、金融庁を辞めた理由のひとつです。

私の話はともかく、生命保険でも損害保険でも保険会社は金融機関ですから、そこで扱っているのは金融商品。生命保険、火災保険、自動車保険などに加入している人は、みんな金融商品に対して保険料を支払っていることになります。まったくそれと無縁《むえん》に暮らしている人は、あまり多くないでしょう。

人生はいつ何が起こるかわからないので、貯蓄だけでは対応できない事態に巻き込まれる可能性があります。たとえば自動車を運転していて人身事故を起こしてしまったら、一生かけても払いきれないほど多額の賠償金を請求されることもあります。それを貯蓄だけで用意できる人はほとんどいません。

いまの日本の子育て世帯数は1000万世帯弱（2022年の調査ではじめて1000万世帯を割ったそうです）ですが、親世代の30～50代の人は、確率的には1年間におよそ1000人に1人が亡くなります。単純に考えると、子育て世帯のうち、毎年1万世帯は家計を支える親を亡くしているのです。生命保険がなければ、その毎年1・5万～2万人ほどのこどもが進学をあきらめ、将来の夢を断念して、目の前の生活のために働きに出なければならなくなるかもしれません。これは大きな社会的損失といえるでしょう。

完全試合を達成した千葉ロッテマリーンズの佐々木《ささき》朗希《ろうき》投手は、東日本大震災で父親と祖父母を亡くしているそうですが、もしそれで佐々木投手が野球をあきらめなければならなかったとしたら、本人にとっても社会にとっても大変不幸なことです（佐々木投手の父親と祖父母について生命保険金が支払われたかどうかはわかりませんが）。逆に、発展途上国は、そもそも小さいこどもも働く社会なので、親が亡くなっても生命保険が必要とされません。生命保険は先進国に必須のインフラといえます。

そのような、「いざ」というときに備えて普段《ふだん》から一定額の保険料を支払っておくのが保険の仕組みです（これを「リスクとコストの転換」といったりもします。想定外の大変な事態（リスク）を一定額の保険料（コスト）に転換するのが保険の機能です）。保険会社は、いくらぐらいの保険料をどれぐらいの人数から集めれば十分な保障ができるかを詳しく計算して、商品の設計をしています。

保険会社の投資商品はコスパが悪い

当たり前ですが、保険会社は慈善《じぜん》事業ではないので、損をしてまで人々の損害をカバーしようとはしません。起きる可能性の低い高額な損害は少ない保険料でカバーしても利益が出ますが、誰にでも起きる可能性の高い損害を同じ保険料でカバーしていたら、赤字になってしまうでしょう。自動車保険や火災保険などは、実際に損害を受ける人のほうが少ないから、そこそこの保険料で多額の補償ができるのです。

ですから、起きる可能性の高い損害に保険で備えようとすると、保険会社に支払う保険料は高くなります。

たとえば、これは「損害」ではありませんが、こどもがいればほぼ間違いなくいつか発生する出費が「学費」です。保険会社は、それをまかなうための「学資保険」を用意しています。高校進学率はほぼ100%、大学進学率もほぼ50%の現状では多くの人にとって学費が必要になるので、自動車保険や火災保険のように月々の保険料を低額にはできません。銀行の定期預金と大差ない利息がつくだけです。

現代は「貯蓄から投資」への移行の遅さが問題となっているわけですから、当然、保険でする貯蓄も減らすべきです。

わざわざ貯蓄のために保険会社を利用するメリットはありません。高い確率で生じる将来の出費に関しては、保険ではなく預金で備えれば十分です。いろいろな不意の出費に柔軟に使えるという点では、預金のほうがはるかに便利です。

また、保険会社は投資性の高い（つまりリスクのある）保険商品も扱っています。投資商品と保険商品を組み合わせるので、資金の運用がうまくいけば、投資のほうで利益が出る。そのため、ふつうの保険よりも保険金や返戻金《へんれいきん》が増えるわけです。

たとえば、変額《へんがく》保険・変額年金。その名のとおり、ユーザーの払った保険料を保険会社がリスクのある投資商品で運用し、その実績によって保険金や年金が「変額」します。額が「変わる」のですから、増えることもあれば減ることもあるのは、いうまでもありません。保険会社が運用に失敗すれば、受け取れる金額は当初の予想より少なくなります。

外貨《がいか》建《だ》ての保険も同じ。保険料や保険金を外国通貨で行うもので、円建《えんだ》ての保険より高い利回りになる可能性もありますが、為替相場の動きを確実に予想できる人はいません。

そのため、逆に利回りが下がってしまうリスクもあるのです。

こうした保険商品は投資と保障の両方を兼ね備えた複雑な商品になるため、投資だけの金融商品と比べてコストパフォーマンスが悪くなるのは間違いありません。いわば「一石二鳥」ではあるものの、鳥1羽分のメリットが小さいわけです。同じ額のお金を使うなら保険のついていない単純な投資商品につぎ込んだほうが、利回りはよくなります。

ですから、保険会社とのつきあいは「起きる可能性は低いけれど起きたときは損失が大きいこと」に備える保障性保険商品だけにしましょう。投資は投資で別に考えたほうが、初心者にとってはシンプルですし、メリットも大きいと思います。

とりあえず入るなら「共済」で十分

ところで、保険とよく似た仕組みに「共済《きょうさい》」があります。「こくみん共済」や都道府県ごとにある「都道府県民共済」、あるいは生活協同組合の「コープ共済」、農協の「ＪＡ共済」など、その名前を見聞きしたことがあるでしょう。

多くの人からお金を集めて、困ったことが起きた人の損失をカバーするという点で、共済は保険と同じです。違うのは、それぞれの制度について定めた法律（根拠法《こんきょほう》）と監督省《かんとくしょう》庁《ちょう》。保険の根拠法は保険業法、監督省庁は金融庁ですが、共済は運営する主体によって法律も監督省庁も異なります。これについては、利用者がとくに気にすることはありません。

利用者にとって大事なのは、共済は保険と比べて利益追求のモチベーション（やる気）が低いことでしょう。保険会社はどこも熾烈《しれつ》な競争を繰り広げており、そのために競争原理が働き保険料が安くなる側面もありますが、総合的にみればどうやって保険契約者から利益を稼ぐかを常に考えている組織といえます。

一方で、共済は組合員同士の助け合いが主眼《しゅがん》なので、そこまで利益に対するこだわりは強くないように思います。少なくとも、株主のいない共済組織では、株主から利益についてのプレッシャーを受けることはありません。

私も商売柄《しょうばいがら》よく「どこの保険に入ればいいの？」という質問を受けますが、いつも「とりあえず共済をみてみたら？」と答えています。保険会社が用意している多種多様で複雑な商品と比べて、保障内容がシンプルでわかりやすく、選ぶのにあまり迷わないのも共済のよいところです。個人によって細かいニーズはさまざまかもしれませんが、保険は究極の大衆向け商品なので、大半の人にとっては結局ベタな保障内容で十分なはずです。細かくカスタマイズできる保険会社で「自分に最適な保険」を探し求めたところで、結局はほ

図4　生命保険の顧客満足度とその上位

生命保険　顧客満足度スコア上位

1位	コープ共済	80.5
2位	都道府県民共済	77.2
3位	こくみん共済 coop〈全労済〉	74.8
4位	ソニー生命	73.6
5位	オリックス生命	70.3

[調査企業・ブランド]

ランキング対象: アフラック、オリックス生命、かんぽ生命、コープ共済、こくみん共済 coop〈全労済〉、JA共済、住友生命、ソニー生命、第一生命、都道府県民共済、日本生命、明治安田生命、メットライフ生命(13企業・ブランド)

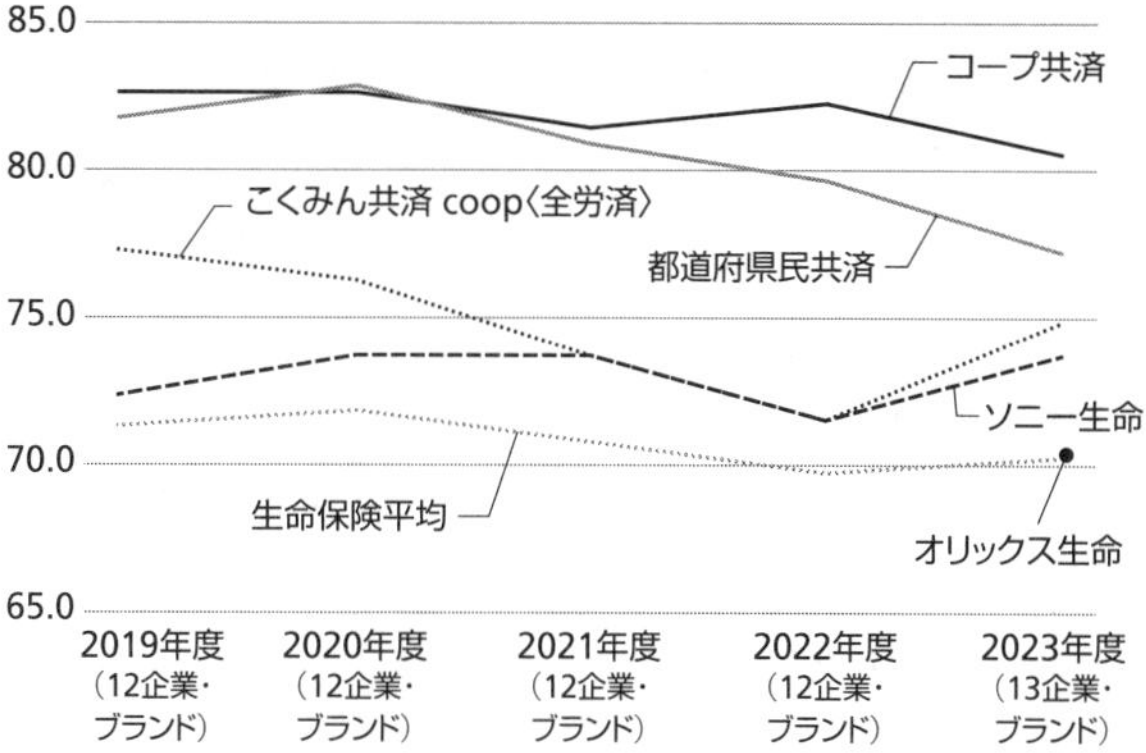

※2023年度に顧客満足度スコア上位となった企業の推移を表示
※平均にはランキング対象外調査企業の結果も含む

出典：サービス産業生産性協議会　2023年度 JCSI第3回調査結果
https://www.jpc-net.jp/research/assets/pdf/shosai2023_03.pdf

かの人と大差ない内容に落ち着くでしょう。

また、共済で利益（剰余金《じようよきん》）が出た場合は、「割戻金《わりもどしきん》」として加入者に返還《へんかん》されますが、これは多くの保険会社では会社や株主の利益にしてしまっている部分なので、その意味でも保険料が割安になっている可能性は高いと思います。

共済の保障額は保険と比べるとやや少なめですからちょっと足りないと思う人もいるかもしれません。保険会社はそうなったときにはじめて検討すればよいのです。保険会社に口説き落とされる前に、まずは共済について自分で情報収集してみてください。実際、共済と生命保険を比較した顧客満足度調査（図4参照）では、共済のほうが高い顧客満足度を得ているようです。保障は共済で十分なのではないか、という視点は持っておくべきでしょう。ただし、先ほども説明した、「保険会社の貯蓄・投資商品には手を出さない」という原則は共済に対しても同じです。一部の共済では貯蓄商品も出していますが、コスパの悪い商品であることは変わりません。あくまでも保険・共済に求めるものは保障「のみ」であることを忘れないようにしましょう。

若者に「お宝保険」の赤字を埋めさせる保険業界の「逆ざや問題」

ちなみに、いまの保険業界はかなり無理のある経営を強いられています。「むちゃくちゃな状態」といってもいいでしょう。前にもいったとおり、私は大学院で保険の研究をしていたときから、そこに大きな疑問を感じていました。

いまの保険業界がおかしくなったのは、1980年代のバブル期と比べて金利が大幅に下がったことがいちばんの原因です。バブル期に販売した生命保険は5％程度の高利回りでした。いまではこのような高い利回りが保証された金融商品はどこにもありません。このような保険を「お宝保険」と呼んだりもします。ところが現在はゼロ金利の時代。バブル期に約束した運用利回りなど、達成できるわけがありません。このように、保険契約開始時点で保証した利率よりも実際の運用利回りが下がってしまうことを「逆ざや」といいます。

これだけ金利が下がったのですから、予定利率5％で販売した生命保険は当然ながら大赤字。でも、契約者との約束は守らなければいけないので、何らかの形で赤字を埋めなければいけません。1990年代半ばから2000年代にかけて、それができなかった保険会社7社が相次いで潰れました。

では、生き残った保険会社はどうやってその赤字を埋めてきたのか。高利回りを稼ぎ出せないことは潰れた会社と変わりません。ですので、新たにたくさんの契約者を獲得して、保険料を集めるしかありません。生命保険の新しい契約者は、その多くが若い世代でしょう。つまり若者から集めた保険料をバブル期に契約した年長世代への支払いにあてることで、苦しい状況を乗り切ってきたのです。しかも、いまは超低金利時代なので、若い世代に約束される予定利率は1％程度。そんな悪条件で保険料を払っている人たちが、バブルの頃に5％を約束された「お宝保険」の穴埋めをしていることになります。

手元で計算してみたところ、30歳男性が保険金額３００万円の終身保険に入るときに、予定利率５％であれば月々の保険料は１４５５円のところ、予定利率１％では月々の保険料が５０７９円と、なんと3倍超にもなっています（保険料の払込みは65歳まで、標準生命表２０１８で試算した平準純保険料）。単純な比較でもこれほどの差がある上に、バブル期の予定利率５％の契約の赤字は予定利率1％の契約が埋めているわけですから、若い世代はもっと負担している可能性も高いわけです。

人生のステージを考えれば、よりお金がかかるのは若い世代でしょう。結婚や出産で家族が増え、住宅ローンを組むかもしれません。だからこそ、万が一のときのために生命保険に入るわけです。一方、年長世代はこどもが独立し、住宅ローンも払い終え、もう家族のための生命保険などそれほど必要ではありません。

にもかかわらず、年長世代の5％の利回りを支えるために、若い世代が1％の低金利に耐えているのです。

そうやって穴埋めされている金額は、少なくとも年間数千億円になるでしょう。もしかしたら「兆」のケタになるかもしれません。大赤字の穴埋めが不要なら、それだけのお金が若者世代に戻ってくると考えると、保険料を払うのがばかばかしくなるのではないでしょうか。

バブル期に予定利率5％の保険契約を販売してしまったところまでは仕方ない面もあるでしょう。誰もそのあとあっという間にゼロ金利まで金利が低下してしまうとは想像もできなかったと思います（当時は10年国債の金利が4％を割ったことはありませんでした）。しかし、現実に金利が下落してしまい、回復の見込みがなくなった時点で、予想される損失を誰が負担すべきなのかについては、もっとしっかりと考えるべきであったと思います。現実としては、あまり議論されることもなく、なしくずし的に若い世代が負担することになってしまいました。

これは過去の問題ではなく現在進行形の問題でもあります。いまからでも遅くないので、しっかり議論されるべきだと思います。その上で、若い世代が「バブル期のお宝保険の損失を我々の世代が負担してあげようではないか！」という結論に達するのであれば、現状維持でよいとは思いますが。

金融庁に勤めていたとき、イギリスの保険監督官にこの件について質問したことがあります。その人からは「何を聞かれているのか正確に理解できていないかもしれないが、ふつうはそんな状態になる前に保険会社を潰すだろうから、そんなことは起こらないのではないか」という困惑《こんわく》した回答が返ってきました。また、これは私が直接聞いた話ではないのですが、私の上司がドイツの保険監督官から「日本はなぜ急激な金利低下でも生命保険会社が耐えられたのか？」と問われ、上記のような説明をしたところ、先方はあきれたような顔をしていたそうです。

要は、国民を守るのが保険監督の目的なのに、若者を犠牲にして保険会社を守った日本の保険監督が理解できなかったということでしょう。諸外国では、保険会社が国民に損害を与えそうな状況になるとまだ資金に余裕のあるうちに保険会社を潰すのが常識的な対応ですが、日本では保険会社が債務《さいむ》超過《ちょうか》になってクビが回らなくなるまで営業させ、損失が膨《ふく》らみきったところでしぶしぶ保険会社を潰すという対応をとってきました。

諸外国と異なり、日本では「債務超過になるまで保険会社を潰してはいけない」という誤った思い込みがあり、債務超過にならないように保険会社に利益を貯め込ませるように指導していることが、日本の保険の保険料が高いことの一因になっています。

日本の将来を支える若い世代のために、これはなんとかしなければいけない問題だと私は強く思います。しかしこの「逆ざや問題」は、バブル世代がみな人生を終えることになるこの先20～30年は解決しないでしょう。ですから若い人たちは、大手生命保険会社と契約すると、お宝保険の穴埋め分も含めた割高な保険料を払うことになります。少子化の原因のひとつは子育て世代にお金がないことだといわれています。こどもの将来のために生命保険に加入した子育て世代にバブル期のお宝保険の損失の穴埋めをさせていることは問題といわざるを得ないでしょう。

そういう意味でも、とにかくコストを抑えたい若い人が、とりあえずの安心のために入るならば、まずはそういった構造のない共済を検討するのがよいと思います。

保険会社の営業マン、セールスレディにご用心

生命保険は形のない商品で、普段はなにかありがたみを実感できるようなものではない

ので、なかなか売るのが大変です。そういった商品のメリットをお客さんに理解してもらい、90%近い世帯に普及させているのは大変すばらしいことです。しかし、中にはお客さんからお金を騙し取る人がいます。

よくあるパターンとしては、信頼関係ができたお客さんに対して、「保険会社内に高い金利の社内預金があるので、お金を預けてくれないか」というもの。生命保険の営業マンやセールスレディが詐欺で捕まったというニュースがときどき流れてきます。ひとりのセールスレディが合計で19億円も騙し取ったというような事例もあります。

売るのが難しい生命保険をたくさん売ってきたからには、きっとセールストークや人の信頼を得る技術にも優れているのでしょう。それを悪用すると、信じられないような巨額の詐欺ができてしまうのです。保険の営業（募集）というのは昔から問題が多く、一昔前は取り締まりの対象でした。いまでも法令上の規制は厳しく、とくに問題の多かった生命保険の営業は損害保険の営業よりも少し厳しめに規制されています。保険会社の営業マンやセールスレディとはあくまでも保険だけのつきあいにしておきましょう。彼ら彼女らの持ちかけてくる儲け話は百パーセント詐欺ですので、絶対に相手にしてはいけません。

保険ショップの「罠」

みなさんは、街中やショッピングセンターなどで「保険ショップ」をみかけたことがあるでしょう。テレビCMも多く流しているので、知らない人はいないと思います。保険ショップは、たくさんの保険会社の商品を扱っているので、保険会社の営業マンやセールスレディから買うよりも、商品を比較して自分にもっとも合った保険商品を選ぶことができると思っているかもしれません。でも、必ずしもそうではないのです。

保険会社は、自社の商品を保険ショップに売ってもらうために手数料を支払っています。保険商品を1件売ったらいくら、という形で手数料を支払うことが多いため、保険ショップとしても、商品内容に大差がなければ手数料が高い商品を売りたくなってしまうでしょう。保険会社の営業マンやセールスレディも同じといえば同じですが、ひとつの会社で同じような商品をいくつも出すことはあまりないので、顧客の求めるタイプの保険商品のうち、手数料の高いものを優先して売るということはしづらいはずです。

そもそも、保険ショップで売っている商品は、商品をつくるときに「保険ショップで扱ってもらうためにはこのくらいの手数料を払う必要がある」というところから逆算して保険商品をつくっています。なので、保険ショップで扱っている商品は、保険会社の間で手数料のつり上げ競争のようなことが発生しやすい状況になっており、むしろ割高になっている可能性が高いといえます。最近ではある保険ショップで手数料を広告費に偽装して受け取っているのではないかというような報道も出ています。

金融庁（当時は大蔵省）としては、１９９６年に保険ショップのような業態を認めたときに「保険商品の比較がしやすくなれば競争が働いて保険料は安くなるだろう」と思っていたのですが、実際に起こっていることはその逆の可能性が高いのです。そもそも、ほとんどの人は保険に大して興味などありませんし、保険会社から渡されるあの分厚い資料を読む気もなければ、読んでも理解できないという人が大半でしょう。そのような状況ではまともな競争が働くわけもなく「こちらがオススメですよ」といわれれば「そんなものか」と思って加入してしまう人も多いと思います。みなさんもそうだと思いますが、自分で保険の比較などやっていられるほどヒマな人はそんなに多くないのです。

保険ショップの側も、連携している保険会社の商品すべてを扱っているわけではありません。「こんな手数料じゃ売れないよ」というような商品ははじめから扱わないのが通常です。仮に、扱っている商品のほかにもっといい商品があることを知っていても、保険ショップではその商品をお客さんに紹介することはありません。お客さんにすすめる理由が手数料である場合は、「ウチがもらえる手数料がほかの商品より高いからこの商品をすすめています」といわなければいけないルールになっているのですが、手数料が低い商品をそもそも扱わないことにしておけばいわなくてもよいので、そのルールがしっかり機能しているとはいいがたいところです。

保険ショップが「公正・中立」をアピールしていたとしても、そもそも商品ピックアップの時点で品揃えが偏《かたよ》っている可能性に注意しましょう。

また、さきほど共済についてお話ししましたが、じつは、保険ショップを含む保険代理店では法令により共済は取り扱えません。どんなに良心的な保険代理店であっても、顧客満足度の高い共済商品を紹介してくれることは絶対にありません。そういった意味でも、保険の加入・見直しを検討するときは、まずは自分で共済をチェックすることから始めましょう。保険ショップで紹介してくれるのは、共済も含めた保険商品全体から見れば「顧客満足度のあまり高くない商品」にすぎないということです。保険ショップは本質的に「消費者の味方」ではなく、あくまでも「保険会社から依頼された営業マンやセールスレディ」なのです。

3　決済サービス

日本はキャッシュレス化が遅れている

私たちは、買い物をするときにも、金融サービスのお世話になっています。それは、さまざまなキャッシュレス決済システムです。

伝統的にはクレジットカードが使われてきましたが、最近では電子マネー、あるいはQRコード決済が普及してきました。クレジットカードは18歳以上でないと持てませんが、電子マネー類はこどもでも比較的なじみがあるものでしょうから、一昔前よりも金融サービスは身近な存在になっているといえます。個人間送金もさまざまなアプリでできるようになり、飲み会のあとにワリカンするときも現金を使わないケースが増えてきているように思います。金融庁で働いていたときは課費《かひ》（課内の雑費）をキャッシュレスで集めていたところもありました（いまどき「課費」の仕組みがある会社は少ないかもしれません）。

世の中のキャッシュレス化はどんどん進んでいますが、諸外国と比べると、日本ではまだあまり広がっていないのが実情です。２０２１年のデータ（図５参照）では、日本のキ

図5　世界主要国におけるキャッシュレス決済比率（2021年）

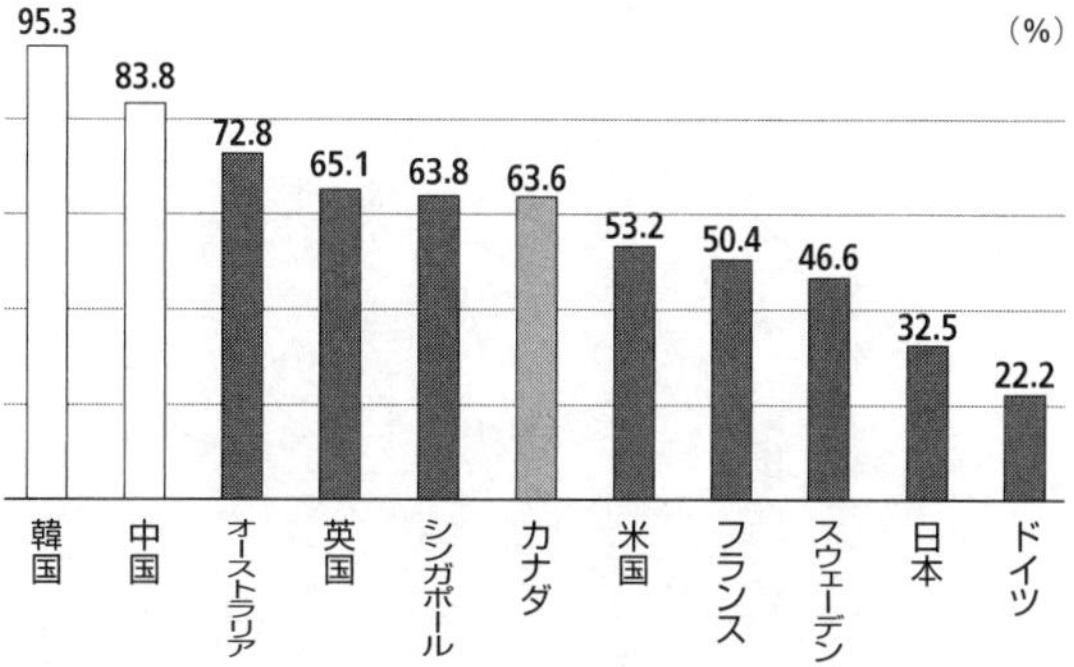

出典：世界銀行「Household final consumption expenditure（2021年〈2023/3/1版〉）、BIS「Redbook」の非現金手段による年間支払金額から算出
※韓国、中国に関しては、Euromonitor Internationalより参考値として記載
※カナダに関しては、Payments Canada「CANADIAN PAYMENT METHODS AND TRENDS REPORT 2022」より算出

ャッシュレス決済比率は32・5%。同じ東アジアの韓国（95・3%）や中国（83・8%）とは大差がありますし、欧米諸国もほとんどが45%を超えています。22・2%のドイツと日本は、世界でもめずらしい「現金主義」の国です。ただし、日本のキャッシュレス決済比率はこのところ伸びてきており、経済産業省の発表によると、2023年は39・3%と、2025年までの目標値である40%にもうひと息というところまで増加してきています（https://www.meti.go.jp/press/2023/03/20240329006/20240329006.html）。

日本の場合、ほかの国よりも現金に対する信頼度が高いのはたしかでしょう。

現金の信用を落とすのは、なんといって

も偽札の存在です。たとえばアメリカでは、額面の大きい100ドル札で買い物をしようとすると、店員がそれを照明にかざして確認すると聞きます。本物の紙幣に入っているすかしが、偽札には入っていないからです。しばしば偽札が出回るので、アメリカではクレジットカードのほうが信用されるのでしょう。

でも日本では、めったに偽札が出回りません。現金が信用できるので、キャッシュレス決済に対応する必要性をあまり感じない面があると思います。キャッシュレス決済はすぐにお金が入ってきませんし、カード会社に手数料も払わなければいけません。それに対応するための機械などを用意するのにもコストがかかります。現金だけで商売ができるなら、お店にとってはそのほうがありがたいことが多いのです。

クレジットカードは現金よりも安心

キャッシュレス化が進まない「障壁」は、理《り》髪店《はつてん》と美容院、それに居酒屋という話を聞いたことがあります。いずれもお客が長く店にいて決済は一度だけなので、わざわざキャッシュレス化するメリットに乏しいからだそうです。

逆に、お客が入れ替わり立ち替わりやって来るコンビニは、レジで支払いを受ける回数が1日に何百回にもなるでしょう。それだけ決済するなら、コストをかけてキャッシュレス決済に対応しても元が取れます。キャッシュレス決済は現金払いより時間がかからないので、回転効率が高まって、同じ時間でより多くのお客を相手にできます。両替《りょうがえ》に行く手間も減らせるでしょう。

でも1日に10人程度しかお客の来ない小さな理髪店や居酒屋などは、その効率を高めても儲けにはたいして影響がありません。高級感のあるレストランも1日の来客数は少ないとはいえ、こちらは支払い額が大きいので「クレジットカードが使えないなら行かない」と避けられてしまうかもしれません。だからキャッシュレス決済に対応するわけですが、料金の安い店は「支払いは現金のみ」でもお客は来てくれます。

とはいえ、いまは現金をあまり持ち歩かず、少額でもキャッシュレス決済を便利だと感じる人が増えました。お客のほうがキャッシュレス決済でしか支払わなくなれば、お店もそれに対応しなければ商売になりません。今後は日本もそういう店がますます増えるでしょう。実際、「障壁」といわれた業種でも、QRコード決済などができる店が増えてきたような印象があります。

キャッシュレス決済比率を諸外国並みに引き上げるには、国によるサポートも必要かもしれません。キャッシュレス決済比率が90％を超えた韓国では、年間のクレジットカード利用額の20％を所得から控除《こうじょ》することで税金が安くなるようにしたり、クレジットカードを1000円以上利用すると自動的に毎月1億8000万円の宝くじに参加できたり、年間売上240万円以上の店舗にクレジットカードの取り扱いを義務付けたりしたことで、ほとんどの店でクレジットカードが使えるようになりました（https://www.mof.go.jp/pri/research/conference/fy2018/digital2018_report09.pdf）。海外旅行をしたときに、念のために現地通貨に両替したけれども全部クレジットカードで済んでしまい、現金は一度も使わずに帰ってきたという経験をした人も多いのではないでしょうか？

いずれにしろ、キャッシュレス決済はこれからますます誰にとっても身近な金融サービスになっていくでしょう。たいへん便利なシステムですから、使わない手はありません。とくに高齢者には「現金で払わないと気持ちが悪い」などといってキャッシュレス決済を敬遠《けいえん》する人もいますが、これはもう、慣れの問題だと思います。

「クレジットカードの番号を盗まれて悪用されそうで怖い」という人もいるでしょう。たしかにそれは気をつけなければいけません。クレジットカードの不正利用も、カード会社の対策をすり抜ける形で年々増えており、安心できない状況であるのはたしかです。

しかし、カードを不正利用されても、ユーザーが適切な対応を取ることによって勝手に使われたお金は戻ってきます。そういうサポート体制については、安心してよいのではないでしょうか。そのようなサポートを受けるためにも、暗証番号をランダムな数字にするなどのセキュリティ対策をしっかりとしておきましょう。暗証番号として誕生日を設定していたりすると、適切なセキュリティ対策がされていなかったと判断され、不正利用されたお金が戻ってこないこともあります。

それに対して、現金は、ひとたび落とすと、拾った人が使うのを止める手立てはありません。日本は落とした財布が戻る確率がほかの国より高いことで有名ですが、それでも使われてしまうことはあるでしょう。「犯人」を捕まえてお金を取り戻すこともまずできません。

でもクレジットカードの場合、紛失したことをカード会社に伝えれば、すぐに使用を止めてくれますし、その前に使われてしまってもお金が戻ってくるケースもあります。キャッシュレス決済には、現金よりも安心な面があるのです。

リボルビング払いは借金と同じ

ただし、便利なキャッシュレス決済にも、リスクはあります。大切なお金を使うのですから、やはり慎重に利用しなければいけません。

まず、現金での支払いよりも「お金を使った」という実感が薄いので、使いすぎには注意が必要です。自分が今月いくら使ったのかをちゃんと把握しておかないと、翌月の引き落とし額を見て頭を抱えることになります。

また、クレジットカードで買い物をしすぎて支払いが苦しくなった人が手を出しやすいのが、「リボルビング払い」です。略して「リボ払い」ともいいます。

これにはいろいろな種類がありますが、基本的には、クレジットカードでいくら使っても月々の支払い額が一定になるのが、リボ払いです。たとえば月々の支払い額を3万円と決めておけば、今月5万円使っても7万円使っても、翌月の支払いは3万円。ですから、リボ払いにすれば当面のやりくりは楽になるでしょう。

しかし当たり前のことですが、使った分はいつか払わなければいけません。月々の支払い額が一定になる代わりに、支払い期間が長くなる。そうなると、すぐにまとめて払うよりも余計にお金がかかります。要するに「借金」をしているわけですから、返済期間が長くなればなるほど、手数料（利子）が膨らんでいくのです。

クレジットカードで買い物をしたとき、翌月に一括で払えば手数料はかかりません。しかしリボ払いでは、年利15％程度の手数料を取られるのが一般的です。たとえば30万円の残高を毎月1万円ずつ返済すると、支払う手数料の総額は約7万8０００円。一括払いなら発生しない支払いですから、誰でも「もったいない」と感じるでしょう。残高が多いと、最初のうちは月々の返済額の半分以上が手数料になることもあります。手数料ばかり払わされて、元本がなかなか減りません。

これが、リボ払いの怖いところです。カード会社はそのほうが儲かるので、ダイレクトメールなどでしきりにリボ払いをすすめてきますが、もし「少しの支払いで大きな買い物ができる」と思ったとしたら、それは錯覚にすぎません。結果的には「高い買い物」になります。リボ払いで生じる手数料の重さは、次にお話しする消費者金融とほとんど変わりません。

毎月決まった収入のある会社員などは、多額の手数料を承知の上で、やむを得ずリボ払いを選択することもあるでしょう。どうしてもすぐに必要な買い物は、借金をしてでもすることはあります。

でも、定期的な収入のない学生などは、よほどの事情がないかぎり、リボ払いを使うべきではありません。そういう場当たり的なお金の使い方に慣れると、いずれ消費者金融などで安易に借金をくり返すことにもつながってしまうのではないでしょうか。

ひとつ補足しておくと、日本でキャッシュレス決済が進まない理由のひとつとして、お店がカード会社に支払う手数料が諸外国よりも高いことが指摘されています。諸外国のカード会社はリボ払いでの収益が大きいため、店舗側の手数料を安く設定できているそうで、店舗側のカード決済導入への抵抗が少ないのだそうです。

みなさんも「ランチはカードが使えません」とか「○円以下はカードが使えません」などの断り書きがあるのを見たことがあるのではないでしょうか？　これは利幅《りはば》の薄いランチや少額の取引でカード決済手数料まで取られてはたまらないということでしょう。カード会社も利益を出す必要があるので、リボ払いを「けしからん」とまでいうつもりはないのですが、私個人としては手数料がもったいないと思ってしまってリボ払いは一切利用していません。その代わり、メインカードはゴールドカードにして、多少はカード会社にお金を払うようにしています。その結果、カードが利用できる店舗が増えてくれればいいなと思っています。

4　借金（消費者金融）

利子が利子を生む「複利効果」で借金は雪だるま式に増える

消費者金融は、個人向けの小口融資を行う貸金業者《かしきんぎょうしゃ》です。昔は利用者の多くがサラリーマンだったので「サラ金（サラリーマン金融）」とも呼ばれていましたが、最近は「消費者金融」の呼び名が定着しています。金融業界はそんなにおもしろい業界でもないので、あまりマンガのテーマになることもないのですが、貸金業界は例外的に、『ナニワ金融道』『ミナミの帝王』『闇金ウシジマくん』など、ヒット作が多い業界でもあるので、みなさんもこれらの作品を通して触れたことがあるかもしれません（闇金を金融業と呼んでいいのかは微妙ですが）。古くはシェイクスピアの『ヴェニスの商人』も金貸しを扱った作品ですし、古今東西を問わず、「金貸し」とエンターテインメント作品は親和性があるのでしょう。

借りられる上限は年収の3分の1が目安とされていますから、年収300万円の人なら100万円まで借りることができます。年収の3分の1は単純に考えれば「給料4カ月分」ですから、銀行の融資に比べれば「小口」とはいえ、借りた側にとっては大きな負担です。元金を返すだけでも楽ではありません。それに加えて、もちろん利子も生じます。消費者金融の金利は、最高で年18%。100万円を借りたら118万円を返さなければいけません。

しかも、それは借りてから1年で返済できた場合の金額です。返せなかった場合、2年後につく利子は「18万円×2＝36万円」ではありません。もっと多くなります。

ここで、金融の基本である「単利《たんり》」と「複利」について説明しましょう（図6参照）。単利計算とは、金利が元金だけに対してついていくもの。100万円を単利18%で借りれば、毎年18万円の利子が生じます。

それに対して、複利計算は前の年についた利子にも利子をつけます。そして、消費者金融の利子はこちらの複利計算。100万円を18%単利と18%複利で借りたとして、借金の増え方をグラフにすると、単利の場合は毎年同じ額が足されていくので、右肩上がりの直線になります。しかし複利の場合は、年数が経てば経つほどグラフが急激な曲線を描いてどんどん上がっていきます。5年放置してしまうと借金額は228万円、20年放置してしまうと借りた100万円が2740万円近くになってしまいます。単利では、20年放置し

図6　単利と複利の違い

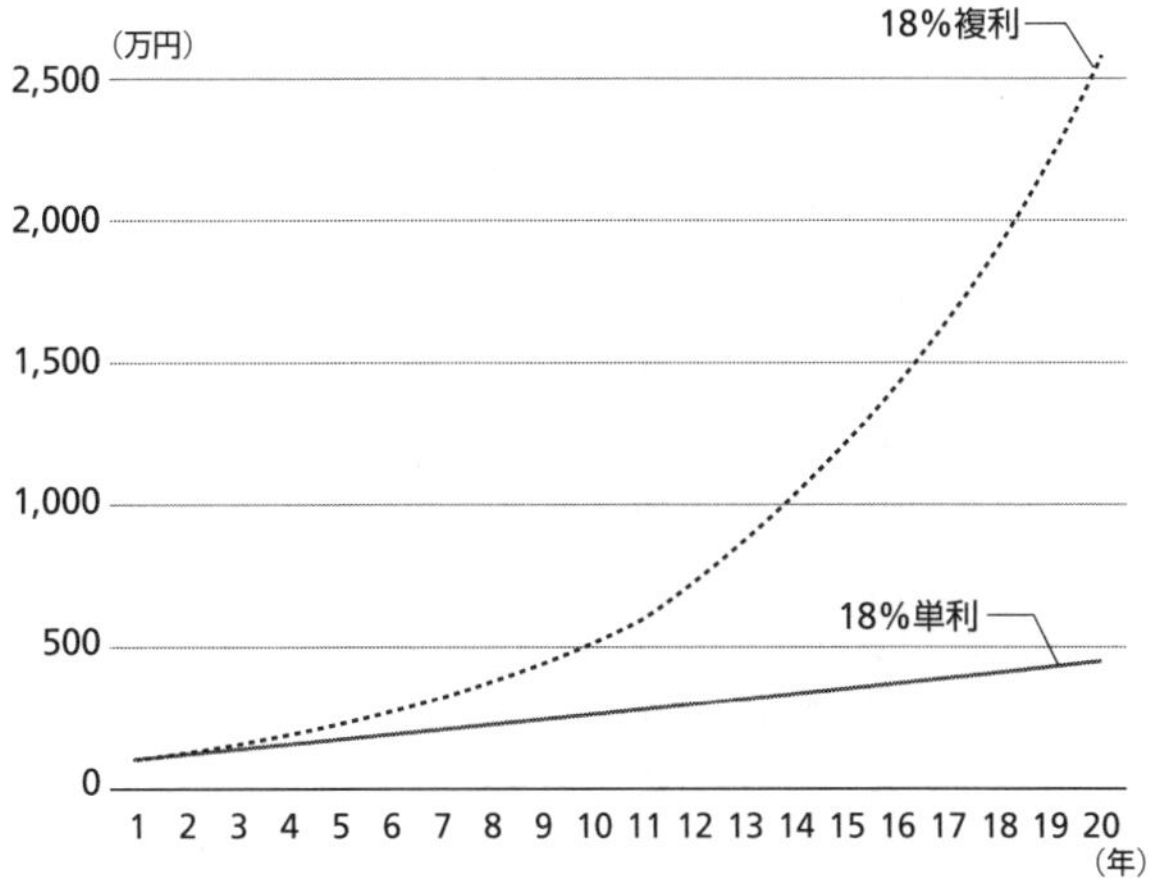

ても460万円と、複利とはまったく違った結果になっています。

　これがいわゆる「雪だるま式」とよばれるもので、数学的には「指《し》数《すう》関数《かんすう》的《てき》」といいます。指数関数は増加するスピードがとてつもなく速いので、急激に加速していくものについて「指数関数的」と表現します。

　この上がり方は、借りたときには実感できません。「金利18％」と聞くと、どうしても少しずつ増えていくようなイメージを抱きがちです。

　これが、複利効果のおそろしいところで、借金をした人にとって大変な重荷になるのです。ですから、確実に返済できるあてがないかぎり、消費者金融の利用はおすすめしません。とくに、収入のない学生などが軽い気持ちで利用するのはもってのほかです。

もし他人に「ちょっとサラ金で借りてくれれば大丈夫だよ」などと囁かれても、絶対に断りましょう。前章で、仮想通貨の投資詐欺にあって自殺した女性の話をしました。彼女が投資のために用意した150万円も、消費者金融で借りたものです。万が一、消費者金融での借金を強要されるようなことがあれば、すぐに親や警察に相談してください。

逆に、この「雪だるま式」「複利効果」を増やすほうに使おうというのが投資において非常に重要な考え方になってきますが、それはまた第4章で説明します。

借金を借金で返す「多重債務」のおそろしさ

貸金業者は、法律に基づいて行政上の登録をしなければいけません。貸付金利も、上限は法律で制限されています。無登録で法外な利子を取り、悪質な取り立てをすることもある「闇金融」は違法ですが、消費者金融そのものはもちろんまっとうなビジネスです。

ですから、それなりに収入のある人が返済できる範囲で利用することまで「絶対にやめろ」とはいいません。ふつうに生活していても、急にまとまったお金が必要になることはあります。貯金で対応するのがベストですが、それでは間に合わないこともあるでしょう。

でも、どんな人にも「絶対にやめておけ」と強く忠告しておきたい使い方もあります。消費者金融の借金を返すために、別の消費者金融で借金をすることです。これを「多重債務《たじゅうさいむ》」といいます。

先ほどもお話ししたとおり、返済のできない借金は雪だるま式に増えていくので、「とりあえず返さなければ」と焦る気持ちはわからなくもありません。実際、別のところから100万円を借りれば、100万円の借金を返すことはできます。その100万円の返済期限が迫ってきたら、また別の消費者金融で100万円を借りれば、とりあえずひと息つくことはできるでしょう。そう考えると、なんとなく問題がなさそうにも思えます。

でも、その人がずっと100万円の借金を抱えていることに変わりはありません。借金から解放されたわけではないのです。

もっと問題なのは、その人に借金を返せるだけの収入がないことでしょう。借金を借金で返すしかないほどお金がないのですから、当面の生活費にも困っているはずです。

すると、どうなるか。100万円を返すために借りる金額は、100万円では済みません。手元にもお金を残しておきたいので、ついつい120万円ぐらい借りてしまうことが多いのではないでしょうか。借金を返すつもりで、むしろ借金を増やしてしまうわけです。

これをくり返していると、利子とは別の形で借金が雪だるま式に増えていきます。次は120万円を返すために150万円の借金をして、その次は150万円を返すために170万円の借金をする……という泥沼《どろぬま》にハマっていきます。

闇金融に手を出すぐらいなら自己破産を

こうなると信用がなくなるので、そのうちまともな消費者金融はお金を貸してくれなくなります。それでも借金で借金を返そうと思ったら、違法な闇金融に手を出すしかなくなります。

しかし、こちらの金利は年18%どころではありません。俗にいう「トイチ（10日で1割）」や、さらに高いめちゃくちゃな高金利をつけられます。もっと低い消費者金融の金利でも返せなかったのですから、当然、返済はますます滞り、いずれ返済ができなくなるでしょう。

それをまた闇金融からの借金で返していこうとしたら、その先には生き地獄のような悲惨な未来しか待っていません。ですから、どんなにお金に困ったとしても、多重債務だけは絶対に避けましょう。仮に「借金を借金で返す」状態になってしまったとしても、闇金融には手を出してはいけません。闇金に触れるのは、マンガで読むだけにしておきましょう。

では、借金地獄から抜け出せなくなったら、どうすればいいのか。法律では、そういう人にもちゃんと解決策が用意されています。それは、自己破産。闇金融に頼って借金を返すぐらいなら、返済をあきらめてこちらを選ぶべきです。

経営が悪化して破産手続きをした会社は、借金が免除《めんじょ》されます。それと同じように、個人も自己破産の申し立てが裁判所で認められると、借金の返済義務がなくなります。

「自己破産が認められるのはよほど多額の借金がある人だけでは？」と思うかもしれませんが、じつはそうでもありません。借金の額が少なくても、貯金などの資産がなく、生活していくのにギリギリの収入しかないようなら、認められることもあるでしょう（ただし、支払い能力がなくても、借金のほとんどがギャンブルや非常識な浪費だったりすると、自己破産が認められないこともあります）。

もちろん、借金をゼロにしてもらえるのですから、自己破産にはデメリットもあります。自己破産した人は住所と氏名が国の発行する官報（政府の機関紙）に掲載されるので、その事実を隠すことはできません。また、金融機関が共有する「ブラックリスト」に入れられるので、自己破産後は5～10年のあいだ、どこからもお金を借りることができなくなります。クレジットカードもつくれなくなります。

でも、そういうデメリットがあっても、闇金融に手を出して地獄を見るよりは、自己破産をしたほうがよほどマシでしょう。

自己破産されると貸し付けた業者はお金を取りはぐれることになりますが、貸すほうはそういうリスクも想定した上で商売をしていますから、借り手が気にする必要はありません。一定の割合でお客が返済不能になることをあらかじめ計算に入れて、金利を設定しています。だから、消費者金融の貸付金利は高いのです。

本書を読んでいるみなさんも、万が一どうしても返せない借金を抱えてしまったときは、自己破産をためらう必要はありません。困ったときは事態が悪化する前にすぐに弁護士に相談しましょう。

第4章

投資信託と新NISA

1　投資信託

プロに運用を任せる「投資信託」とは

さて、いよいよ「投資」の話です。

銀行や保険などの身近な金融サービスを取り上げた前章でも、すでに「仕組債」や「変額保険」など、投資商品の名前はいくつか出てきました。しかし、いずれもリスクが大きかったり、効率が悪かったりと、おすすめできないものでした。

それに対して本章では、「初心者はこれだけ知っていればＯＫ」といえる投資商品をご紹介します。それが、これまで何度か触れた「インデックス投資信託」なのです。

インデックス投資信託は国の審査を受けた身元のたしかな業者しかつくれないので詐欺を心配する必要がありませんし、歴史的には、一時的に損失が出ても長い目で見れば利益を生んできた金融商品です。もちろんリスクが小さい分、そこから得られるリターンも「おいしい（そして怪しい）儲け話」ほど大きくはないでしょう。また、これまでの歴史では利益を生んできたとしても、これからの将来においてもそうであるとは誰にも断言できない話ではあります。でも、インフレで日々、目減りする銀行預金よりもはるかに高い利回りで、大切なお金を増やせる可能性は高いと思います。これからお金の使い方を「貯蓄から投資へ」と切り替える人にとって、インデックス投資信託より適切な商品はないことは間違いありません。

では、そのインデックス投資信託とはどのようなものでしょうか。その仕組みを理解してもらうために、まず「投資信託」について説明しましょう。インデックス投資信託はその名前が示すとおり「投資信託」の一種です。

投資信託とは、まさに投資するお金を「信じて」「託す」という意味。託す相手は、資産運用の専門家です。

これまで貯蓄しかしていなかった人が、いざ投資を始めようと思っても、その対象は株式、債券、不動産などいろいろあるので、迷うことが多いでしょう。経験も専門的な知識もありませんし、自分であれこれと情報を細かく調べる時間もありません。そのため、どの投資先にどれだけのリスクがあり、どれぐらいの利益が見込めるかも簡単には判断できないと思います。

そこで、プロに手数料や信託報酬などを支払って、資金をうまく運用してもらうのが投資信託です。投資信託は、投資信託の商品をつくる「資産運用会社」（アセットマネジメントとも呼ばれます）、投資信託をお客に販売する「販売会社」（証券会社、銀行、郵便局など）、販売会社の窓口を通じて集まったお金をまとめて管理する「信託銀行」の3つの機関が役割分担して提供されています。

投資信託商品は、レストランにたとえれば、お客が自分でひとつひとつ料理を注文するアラカルトではなく、シェフが用意したコースメニューみたいなものだと思えばいいでしょう。経験豊富で、日頃から多くの情報を調べているその道のプロに任せるのですから、なにも知らない素人が自分で考えて投資先を選ぶよりは、失敗の少ない無難《ぶなん》な注文方法といえます。

詐欺の心配はないが運用失敗のリスクはある

投資を装った詐欺事件では、しばしば「投資のプロ」を自称する人間が「私に任せておけば損はさせません」などと人を騙します。ちなみに、投資に絶対はないので、「絶対儲かります」「絶対損はさせません」と断定するようなことをいうと、その時点で違法になります（「断定的判断の提供」という違法行為です）。なので、投資商品の営業マン（を名乗っている人）が「絶対」という言葉を使った時点で、詐欺師か、ものすごく無能な金融マンのどちらかであることは確定なので、「絶対」に相手にしないようにしましょう。それを考えると、専門家に運用を任せる投資信託も「大丈夫なの？」とちょっと心配になる人がいるかもしれません。

でも、投資信託を扱うことのできる業者は、国がかなり厳しく管理しています。資本金5000万円以上の会社でなければ登録ができませんし、その会社に投資運用をする能力があるのかなどを金融庁が厳しくチェックしています。

ですから、投資信託を扱えるのはまっとうな業者だけ。「自称プロ」の詐欺師がつくったニセの投資信託が入り込む余地はありません。素性の怪しい人が「これは投資信託ですから安心です」などと誘ってきたとしても、国への登録の有無は、調べればすぐにわかるので、見破るのは簡単です。「インデックス投資信託以外に投資しない」と決めておくことで大部分の投資詐欺を防ぐことができるのはこのためです。

ただし、「詐欺師に騙されることはない」からといって、それだけで安心してはいけません。「詐欺にあうおそれがない」と「損をするリスクがない」は、話が別です。

レストランのコースメニューも、シェフの腕が悪ければおいしくなく、思わず「金を返せ」といいたくなることもあるでしょう。投資信託の成績は、運用を任された専門家の手腕に左右されますから、向こうにお客を騙すつもりはなくても、結果としてうまくいかないことはあります。

株価の動きをはじめとする市場の変化は、専門家でも完全に予測することはできません。正月に株式投資の専門家が「今年の日経平均株価はどうなるか？」というような予測をしていたりしますが、あまり当たらないことで有名です。さまざまな会社が発行する株式は、その会社の業績や将来性などによって上がったり下がったりします。２０２４年８月の株価大暴落を予想していた人など誰もいないでしょう。

簡単にいえば、人気のある会社の株式は買う人が多いので値上がりし、人気のない会社の株式は売る人が多いので値下がりするのです。プロが長年の経験に基づいて「この会社の株価はこれから上がる」と予測しても、想定外の原因によって、逆に株価が下がるケースは少しもめずらしくありません。

もちろん、資産運用の専門家はそういうリスクがあることもよく知っているので、託されたお金をいくつもの株式や債券などに分散投資して、その中のどれかが値下がりしても、全体ではプラスになるように商品を設計するでしょう。

しかし、その計算どおりの結果が出るとはかぎりません。プロの「読み」が外れれば、投資そのものが失敗に終わることもあります。

損をした投資家は「騙された」と思うかもしれません。任せた専門家に「責任を取れ」といいたくもなるでしょう。

でも、そもそも投資信託は元本が保証されないので、損失が出ても誰も埋め合わせはしてくれません。それは事前にルールとして決められていることなので、たとえ運用が失敗しても、その投資のプロを信じて託した人の責任です。自分で投資先を選ぶよりはマシかもしれませんが、投資信託そのものは決してリスクのない商品ではありません。

アクティブ投資信託とインデックス投資信託の違い

私がみなさんにおすすめする「インデックス投資信託」は、同じ投資信託の仲間とはいえ、いまお話ししたものとは中身がかなり違います。

どういうことか説明しましょう。

じつは投資信託には大きく分けると2つの種類があります。ひとつがインデックス投資信託（いくつかのインデックスを組み合わせた「バランス型」はこちらと同じと考えておが用意するコースメニューですが、そのつくり方は同じではありません。どちらも運用会社が用意するコースメニューですが、そのつくり方は同じではありません。

アクティブ投資信託は、運用会社に所属する「ファンドマネージャー」と呼ばれる投資運用のプロが投資対象を決定します。ファンドマネージャーらの腕次第で運用成績がよくも悪くもなるという点で、先ほど説明した「投資のプロを信じてお金を託す」という投資信託の原型といえるでしょう。

では、インデックス投資信託はそれと何が違うのでしょうか。

まず「インデックス」とは「指標」のことです。ですからインデックス投資信託とは、ある指標に合わせて値動きする投資信託のこと。ここで指標となるのは、株式、債券、不動産などの「市場全体」の動きを現す指数です。

たとえば株式市場では日々、個々の会社の株価が上がったり下がったりしていますが、世の中の経済が上向きなら、株式市場全体の平均的な株価は上向きになるでしょう。すると、その市場の指数が上がります。インデックス投資信託は、この指数に連動します。その時点での経済の調子、つまり景気の良し悪しに連動して値上がりしたり値下がりしたりするのが、インデックス投資信託なのです。

インデックスとなる「指標」にもいろいろな種類がありますが、たとえば「TOPIX《トピックス》」「日経平均株価」「NY《ニューヨーク》ダウ」といった言葉はニュースなどでもよく見聞きすると思います。これらはいずれも、インデックス投資信託が連動する指数のひとつです。

TOPIX（Tokyo Stock Price Index＝東証株価指数）は、東京証券取引所に上場している株式銘柄《めいがら》を対象として算出されるもの。日経平均株価は、東京証券取引所のプライム市場に上場するおよそ2000銘柄の中から、225銘柄を日本経済新聞社が選んで算出するものです。

NYダウ（ダウ平均株価）は、「ダウ・ジョーンズ工業株価平均」が正式名称。S&Pダウ・ジョーンズ・インデックスという会社が、アメリカの代表的な30銘柄を選んで、その平均株価を算出しています。同じ会社が500社を選んで算出する「S&P500」も有名です。

日経平均やNYダウなどは民間企業が手がけるものですが、どちらも日本とアメリカそれぞれを代表する株価指数として広く認められています。日経平均は政府の経済統計としても使われているので、ほとんど公的な意味を持つといっていいでしょう。

こうした指数に連動するインデックス投資信託の多くは、アクティブ投資信託よりもはるかに多くの銘柄に「薄く広く」投資することになります。たとえばTOPIXに連動するインデックス投資信託の場合、その対象となっている約2000もの銘柄すべてに少しずつ投資するようなもの。S&P500に連動するなら、アメリカを代表する500社の株式に少しずつ投資するのと同じことになります。

インデックス投資信託は経済全体に連動して値が動く

ここで、投資に関する有名な格言を紹介しましょう。

「卵はひとつのカゴに盛るな」

これは、分散投資の大切さを教える言葉です。

割れやすい卵をひとつのカゴに盛ると、うっかりそのカゴを落としたときに、卵が全部ダメになってしまうでしょう。しかし卵をいくつものカゴに小分けにしていれば、カゴをひとつ落としたとしても、多くの卵が無事に残ります。

投資もそれと同じ。ひとつのカゴ（銘柄）に卵（資金）をすべて投入すると、その銘柄が値下がりしたときに大損失が出てしまいます。資金を小分けにして、いろいろな銘柄に分散投資をしたほうが、リスクが小さいのです。

先ほどお話ししたとおり、投資のプロに任せるアクティブ投資信託も、なるべくリスクを小さくするための工夫はしています。ひとつのカゴに卵を集めるわけではありません。ファンドマネージャーの選んだ複数のカゴに、分散投資をします。

でも、そのカゴの数はあまり多くありません。投資のプロが「ここが値上がりする」と思って卵を多めに盛ったカゴを落としてしまったら、たとえ残った卵が無事でも、全体としては大きな利益にはならないでしょう。それがアクティブ投資信託のリスクです。

一方、インデックス投資信託は、TOPIXや日経平均を見ればわかるとおり、たくさんのカゴに少しずつ卵を盛ります。そのうちのいくつかを落としたとしても、全体が受けるダメージは相対的には小さくなります。

投資である以上、もちろんインデックス投資信託にもリスクはあります。でも、ふつうの投資信託と違って、運用成績の良し悪しを左右するのは専門家の手腕ではありません。インデックス投資信託の場合は、それが連動している市場全体の指標に左右されます。運用成績が下がるのは市場全体の株価などが下がったときです。

個別の株式銘柄と同様、市場全体の平均株価も、短期的には上がったり下がったりします。したがってインデックス投資信託も、買ってから数カ月後には値下がりしているかもしれません。

でも、長期的に見た場合は、話が違ってきます。日本の経済も、世界の経済も、大きな流れを見れば右肩上がりに成長してきました。戦争や自然災害やコロナ禍のような出来事の影響で一時的に経済が低迷することはありますが、やがてそれを乗り越えてまた上向いていくのです。日本の株式市場は２０２４年２月22日にバブル崩壊後の最高値《さいたかね》をつけました。バブル崩壊から立ち直るのに35年かかったということにはなりますが、スピードは遅いながらも日本経済も衰退しているとまではいえないということでしょう。その後、日経平均株価は同年７月11日に史上最高の４万２４２６円をつけたあと、８月５日には３万１１５６円まで下がるというジェットコースターの様相を呈していますが、きっとこの試練も乗り越えてくれると思います。世界に目を向ければ、これからもおそらく経済全体は成長していくでしょう。

経済全体が成長していけば、平均株価をはじめとする市場全体の指数も伸びていくと考えられます。したがって、それに連動するインデックス投資信託の運用成績も、10年、20年という長いスパンで見れば上がっていくことが期待されます。

個別株式の投資法に「割安なときに買って割高なときに売る」という「それができれば

苦労しないよ」というものがあるのですが、インデックス投資信託はそういったことを考える必要がありません。長い目で見ればまだまだ人類は進化するという大局観《たいきょくかん》にベットするのがインデックス投資信託だといえるでしょう。

インデックス投資信託の利回りはどの程度か

もちろん、どんな未来予測にも「絶対」はあり得ません。「絶対に当たる馬券」がないのと同じように、投資のリスクをゼロにすることは不可能です。

したがって投資家にできるのは、確率を考えて可能なかぎりリスクを小さく、リターンを大きくすることだけ。そして、いま多くの日本人が考えなければいけないのは、「貯蓄」と「投資」のどちらが得かということです。

インデックス投資信託にもさまざまな種類があるので、その利回りは一概にはいえませんが、日本国内のＴＯＰＩＸや日経平均株価に連動するタイプの近年の実績を見ると、最近の急激な株価上昇もあり、５年間で毎年10％以上の利回りを達成しています（２０２４年５月現在）。たった０・１％の銀行預金とは比較になりません。銀行預金では１００万円に対して毎年１０００円の利子しかつかないのに、インデックス投資信託ではそれが10

万円以上になる計算です。

もちろんこれは最近の日本株の好調を単純に反映させたものなので、今後もこの調子が続くと考えるのは早計です。実際、2024年8月に、株価は暴落しました。でも、仮に少し控えめの年5%の利回りで運用できたと仮定しても、複利計算でどんどん増えていくので、15年後には100万円が200万円ぐらいまで倍増することになります（1・05の15乗＝2・0789…）。それぐらい増えれば、十分に「投資で儲けた」と実感できるのではないでしょうか。第3章の消費者金融のところで見た「雪だるま式（指数関数的）」（141ページの図6参照）が資産を増やす方向に働くため、インデックス投資信託は、長く運用すればするほどメリットが大きくなります（図7参照）。

もちろん、当初の見込みよりも平均株価が上がらないこともあり得るでしょう。しかし、たとえ利回りが2〜3%まで下がったとしても、銀行預金の金利とは1桁違います。個人的には銀行預金の利子よりは高い利回りを得られると思っていますが、みなさんはデフレに慣れてしまっているため信じられないかもしれません。しかし、インフレ経済になれば株価も上昇していくことになります。「最近物価が上がって厳しいなあ」と実感されている方は「同じように株価も上がっていくのではないか？」と思えないでしょうか。

図7 利率別複利効果

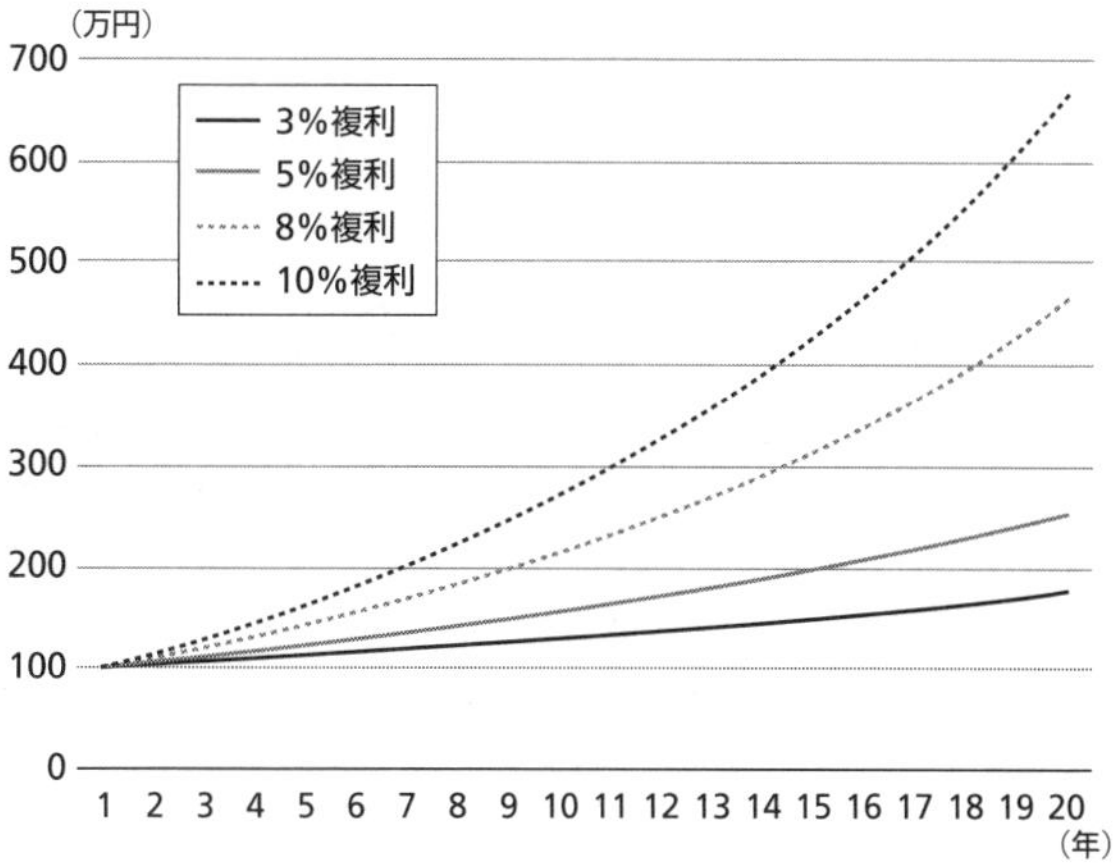

なお、「インフレで物価が上がればモノが売れなくなるのではないか？」という疑問を持たれるかもしれませんが、それはじつは発想が逆です。その値段で実際に売れているからモノの価格が上がっていくのです。たとえば新書判の本書に、1冊1万円の値段をつけても、おそらくなかなか売れないでしょうから、その価格設定がインフレに影響することはありません。

最近都内のマンション価格が上昇していますが、それは不動産業者が適当に高い値段をつけているから上昇しているのではなく、実際にその値段で売れているから上昇しているのです。インフレ経済では売る側にとっては高い値段でモノが売れている状態なのは事実です。もちろん、仕入れ値も上がりますからインフレが利益につながるかどうかはまた別の問題です。

インデックス投資信託に負け続けるアクティブ投資信託

いまの話に納得して、ならば「貯蓄から投資」に切り替えようと決めると、こんどは「なるべくリターンを大きくしたい」と思うのが人情でしょう。すると、「いくらかリスクが高くてもアクティブ投資信託を選んだほうがよいのではないか」と考えるようになるかもしれません。たしかにアクティブ投資信託は、うまくいけばインデックス投資信託よりも高い利回りが得られることもあるでしょう。

ルーレットにたとえるなら、インデックス投資信託は、いわば全部の数字にベットする（チップを置いて賭ける）わけです。数字ひとつあたりの平均賭け金は少なくなりますが、長くやっていれば、大儲けはしないものの必ず収支はプラスになるでしょう。もちろん現実のルーレットは期待値がマイナスなのでこの賭け方では長期的に必ず損をしますが、経済全体が成長していく場合は期待値がプラスのルーレットのようなものなので、この賭け方（インデックス投資信託）でも利益が出せるわけです。

それに対して、アクティブ投資信託はプロが選んだいくつかの数字にベットするようなもの。インデックス投資信託のように闇雲《やみくも》に全部買うのではなく、投資のプロが値上がりしそうな株を厳選して買ったほうが、直感的には高いリターンを得られそうにも思います。

ところが過去の運用成績を見てみると、必ずしもそうはなっていないのが実情です。驚くべきことに、アクティブ投資信託はインデックス投資信託に比べてリスクが高いだけではなく、リターンも低いのです。要は、アクティブ投資信託はリスクを取ったわりにたいして儲からない商品であるということです。

ふつう、リスクとリターンは相関関係にあります。リターンを高めようとすればリスクも高くなる（ハイリスク・ハイリターン）、リスクを減らせばリターンも減る（ローリスク・ローリターン）という関係です。しかし、アクティブ投資信託はリスクが高いのにリターンは低いという商品です。こういう商品を「非効率」な商品と呼んだりします。「ローリスク・ハイリターン」な金融商品は存在しませんが、「ハイリスク・ローリターン」な金融商品はいくらでもあるので気をつける必要があります。

インデックス投資信託とアクティブ投資信託の成績比較を検索してみると、いろいろな会社が「アクティブ投資信託が勝っている」というような記事を書いています。投資にあまり詳しくない人は「やはり投資のプロが選ぶ商品はリターンが高いのだな」と思ってしまうかもしれません。

しかし、私の目から見ると、それらの記事はどうもゴマカシが多いように思います。具体的には、毎月の「勝率」を根拠にアクティブ投資信託がインデックス投資信託に勝っているかのような説明をしているものが散見されます。しかし、投資する人が知りたいのは「いくら儲かったか」だけです。毎月の勝ち負けで勝率がいくら高くても、小さく勝って大きく負けていたのでは意味がありません。

ここで、投資信託協会のレポートを見てみましょう。この協会は投資信託を推進するのが目的の協会なので、「アクティブ投資信託を売りたい」と思っています。実際、レポートの冒頭にも「アクティブファンドの活性化の必要性について考察したい」と書いてあり、インデックス投資信託にわざわざ肩入れしようとは思っていないところなので、インデックス投資信託をえこひいきするようなことは書かないでしょう（ここでは「ファンド」は「投資信託」と同じ意味だと思ってください）。

このレポートの4ページに図8のようなグラフと表が載っています。

これを見ると、この10年でのリターンはインデックスファンドが8・3％であるのに対

図8 市場指数とインデックス、アクティブのリターン

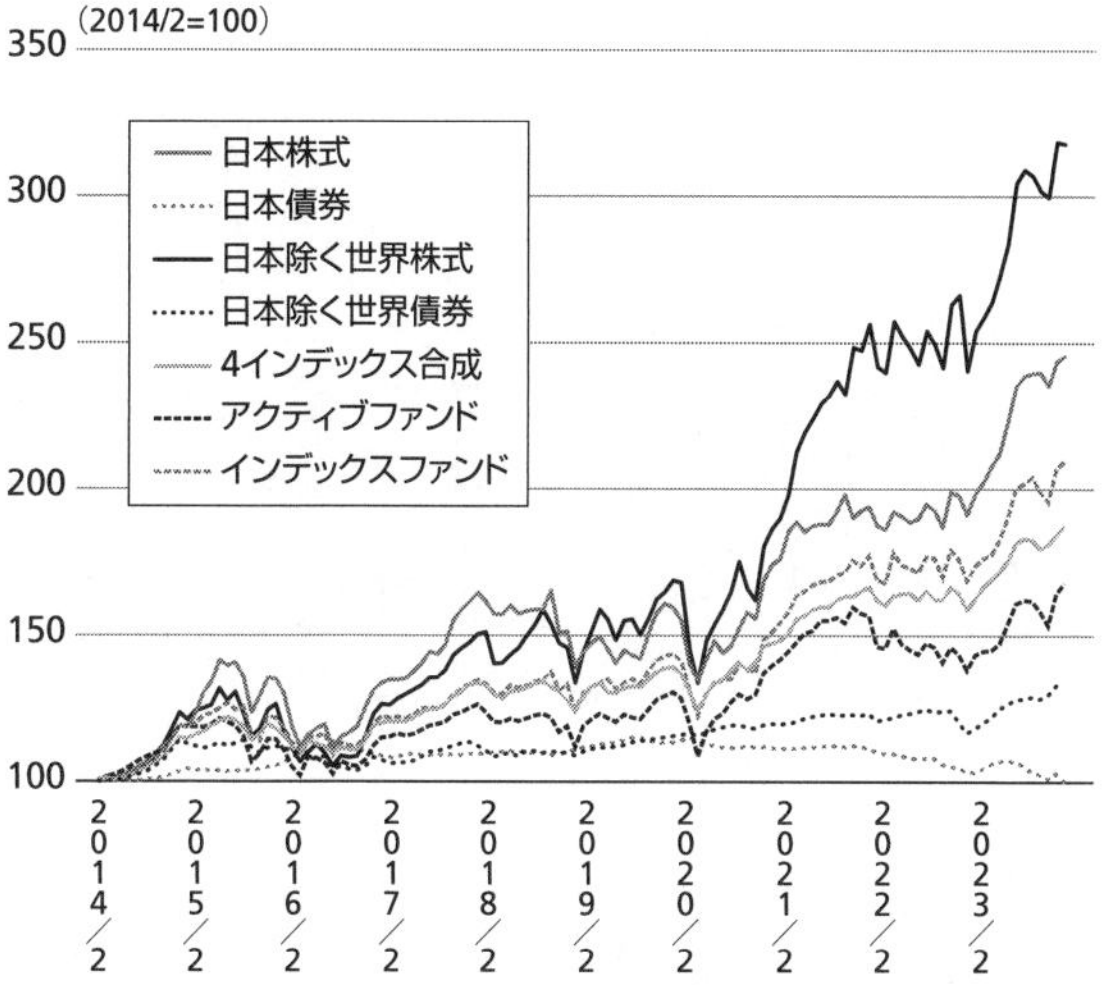

	日本株式	日本債券	日本除く世界株式	日本除く世界債券	4インデックス合成	インデックスファンド	アクティブファンド
リターン	10.7%	0.3%	12.8%	2.9%	7.0%	8.3%	5.7%
標準偏差	15.1%	2.9%	16.9%	5.5%	8.5%	10.4%	10.7%
シャープレシオ	0.71	0.12	0.76	0.53	0.82	0.80	0.53

リターン、標準偏差は全て円建てで算出。日本株式：TOPIX配当込み、日本債券：FTSE Japanese Government Bond Index、日本除く世界株式：MSCI Kokusai net total Return円建て、日本除く世界債券：FTSE 世界国債インデックス 円建て

インデックスファンドが席巻する日本の投資信託（青山直子）
https://www.toushin.or.jp/statistcs/Tsumiken/reports-r/

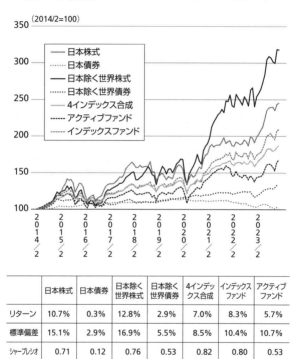

し、アクティブファンドは5・7%にすぎません。アクティブファンドの惨敗といっていいでしょう。投資のプロが目利きしてつくったはずのアクティブファンドが、素人でもつくれるインデックスファンドに負けているのです。

また、標準偏差（リスクのことです）は、インデックスファンドが10・4%、アクティブファンドが10・7%と、アクティブファンドのほうが若干高いものの、インデックスファンドと大差ありません。積極的にリスクを取る代わりにリターンも高いというのがアクティブファンドの性質のはずが、実際はインデックスファンドと大差ないリスクしか取れていません。

意地の悪い見方かもしれませんが、投資対象の目利きができずに腰の引けたリスクテイクしかできていないということなのかもしれません。残念ながら、アクティブファンドを買う理由はなにひとつないといっていいでしょう。

実際、レポート中にも「日本株式や日本を除く世界株式の指数と比較しても、平均した日本のアクティブファンドの運用効率は振るわず、これが継続するとすれば、現在アクティブファンドを利用している投資者の投資資金も、アクティブファンドからインデックスファンドへと、よりシフトしていく恐れがあるのではないだろうか」と書いてあり、協会のこのままではマズいという危機意識がうかがえます。

余談ですが、投資をテーマにした『インベスターZ』という三田紀房さんのマンガがあります。これは、名門男子校の高校生が「投資部」をつくり、高校の運営資金を投資で稼ぐという設定なのですが、3000億円の資金を年8％の利回りで運用して毎年の学校運営費の240億円を捻出するというのが目標とされていました。ですが、単に8％稼ぐだけなら、わざわざ投資部をつくって（優秀な）高校生に運用などさせなくても、その3000億円でインデックス投資信託を買っておけば十分だったということになります（マンガの設定の揚げ足を取っているようで申し訳ないですが）。

現実のデータを素直に見れば、協会の認識が妥当なものだと思います。インターネット上にあるアクティブ投資信託が勝っているかのようなことを書いているサイトは、ひねくれた見方をすれば、トータルの利益の比較では勝負にならないので、「勝率」という一見意味がありそうに見えて、よくよく考えるとあまり意味がないものを持ち出してきて、顧客をミスリード（誤誘導）しようとしているのではないかとも思えてきます。

もちろん、中にはTOPIXなどの指数に連動するインデックス投資信託よりも高い運用成績を上げる腕のよいファンドマネージャーもいるでしょう。世の中にはウォーレン・

バフェットなど、インデックスに勝ってきた優れた投資家がいるのも事実です（そのバフェットですら、そこまで大きくインデックスに勝ったわけではないですし、妻への遺言や一般の人に対しては「インデックス投資信託を買え」といっているそうです）。でも、そもそも初心者が投資信託を選ぶのは、自分で投資先を選ぶのが難しいからでした。しかしアクティブ投資信託の場合、「どのファンドマネージャーならインデックス投資信託に勝てるか」を投資家が自分で考えなければなりません。

結局、何を根拠に選べばよいのかわからない点では、自分で投資先を選ぶのと大きな違いはないでしょう。それならば、「下手の考え休むに似たり」と割り切ってインデックス投資信託を選んだほうが賢明です。「資産運用のプロでもインデックスにはなかなか勝てない」ということをしっかり覚えておきましょう。

運用会社が儲からないインデックス投資信託

このように、投資する側にとってはいいことずくめのインデックス投資信託ですが、じつは運用する側にとっては必ずしもそうではありません。

インデックス投資信託は、投資対象を決めるときに考える必要がありません。もともとのインデックスと同じになるように投資すればいいだけです。

日経225をインデックスとするのなら225種類の株式を同じように買えばいいだけです。ですので、「投資運用のプロ」の腕の見せ所がありません。もっと極端にいってしまえば「誰でもできる仕事」です。自由経済では「誰でもできる仕事」で大きな利益を得ることはできません。高い報酬をもらいたくてももっと安くやってくれる人がたくさんいるからです。なので、インデックス投資信託ばかり売っていると会社が儲からないばかりか、下手をすると赤字になってしまうというのが現在の状況なのです。ファンドマネージャーの高い給料も出せなくなってしまうでしょう。

ですので、証券会社はあの手この手でインデックス投資信託以外の商品に誘導しようとしてきます。最近、アクティブ投資信託をすすめる広告をよく見かけるようになりました。

これから投資を趣味にしてやっていこうという人はインデックス投資信託以外に手を出してみるのもいいとは思います。しかし、本書を手に取るような投資初心者や、投資に興味はなく必要最低限にしたいと考えている人は、インデックス投資信託以外の投資商品には目もくれなくてもよいのです。これが本書で私がいちばん伝えたいことでもあります。

なお、2023年の金融庁のレポートにアクティブ投資信託を推奨するような記載がありますが、これはあくまでも「プロの運用業者はもう少しアクティブ投資信託も活用すべきではないか」という趣旨だと思われますので、みなさんは気にする必要はありません。最近個人投資家向けの広告で「金融庁も推奨しているアクティブ投資信託」というようなものを見かけたので、騙されないようにお気をつけください。

インデックス投資信託のコスト

投資信託にかぎらず、ほとんどの投資には手数料をはじめとするコストがかかります。利回りがよくても、コストが高ければ手取り額が少なくなりますから、それも含めて比較検討する必要があります。

投資信託にかかるコストのひとつは、購入時にかかる手数料。購入時手数料がゼロの投資信託もあり、それを「ノーロード・ファンド」といいます。

さらに投資信託には、購入後もずっと払い続ける「信託報酬（運用管理費用）」というコストがあります。こちらは、まず運用会社に支払われ、その一部が販売会社や信託銀行に支払われます。

アクティブ投資信託とインデックス投資信託で差があるのは、この信託報酬です。アクティブ投資信託はメニューに組み込む投資対象の調査や分析に運用会社がコストをかけているので、その作業が不要なインデックス投資信託よりも、信託報酬が高く設定されます。パーセンテージは商品によってさまざまですが、アクティブ投資信託はおおむね1～2％程度、インデックス投資信託は0・05～0・3％程度です。

この点が、インデックス投資信託の本質的なメリットといえるでしょう。アクティブ投資信託は高いコストをかけていることも一因となって、その運用成績がインデックス投資信託を下回るものが多いのです。

ちなみに、同じような内容のインデックス投資信託でも、会社によって信託報酬に差があることがあります。連動するものが同じであれば、信託報酬の低いほうを選ぶのがよりよいとは思いますが、その手間が面倒というのが人情でしょうから、とりあえず目についたインデックス投資信託を買うというのでもそれほど問題はないでしょう。

また、私としては、多くの国民が投資すべきインデックス投資信託を売れば売るほど会社が苦しくなるという構造はいかがなものかと思っています。いま一番売れている「オルカン（MSCIオール・カントリー・ワールド・インデックス＝全世界株式分散投資）」という商品は手数料が安いことで人気です。オルカンの収益について詳しいことはわからないものの、赤字ではないという会社役員のインタビュー記事はあるのですが、その記事の中で「投資に慣れたらアクティブ投資信託を買ってほしい」というようなこともいっており、やはりオルカンだけでは会社としてツラいということなのかなと思っています。

そんなわけで、私はインデックス投資信託を選ぶ際にはあまり手数料は気にしないようにしています。次に説明するNISAの「つみたて投資枠」の対象となる商品は、手数料は一定の水準以下に抑えられているので「どれを選んでも大差ない」とまではいいませんが、どれを選んでもぼったくられることはないといえます。

2 NISA

投資の利益が非課税になる「NISA」

ところで、金融商品への投資には、もうひとつ忘れてはいけない大きなコストがあります。それは「税金」。株式投資であれ、投資信託であれ、投資した金融商品によって利益を得ると、それに対して約20%の税金がかかるのです。もともとの金額が少ないので気にならないでしょうが、じつは、銀行預金の利息にも約20%の税金がかかっています。

たとえば１００万円の投資信託が運用によって１０５万円に増えたとすると、投資家の得た利益は５万円。しかしそのうちの20％を税金で取られてしまうと、手取り額は４万円になります。５％の利回りを達成しても、実質的には４％になったのと同じこと。購入時手数料や信託報酬より、税金というコストのほうが投資家にとってはるかに重い負担です。

せっかく利益が出ても税金をそんなに取られてしまうのでは、投資に対する人々のモチベーションが上がらず、いくら政府が「貯蓄から投資へ」というお題目を唱えても、日本の貯蓄率は下がりません。そこで日本では２０１４年１月から、少額の投資を非課税にする制度が始まりました。それが、あちこちのメディアで見聞きする「ＮＩＳＡ」です。

これのモデルになったのは、以前からイギリスにあった「ＩＳＡ（Individual Savings Account＝個人貯蓄口座）」という制度。その「ＩＳＡ」にＮＩＰＰＯＮ（日本）の「N」をつけて、「ＮＩＳＡ」という愛称になりました。

スタートから10年後の２０２４年１月には内容が変わって「新ＮＩＳＡ」となりましたが、わずらわしいので単にＮＩＳＡということにします。

旧ＮＩＳＡには、20歳以上を対象にした「一般ＮＩＳＡ」と「つみたてＮＩＳＡ」、20歳未満を対象にした「ジュニアＮＩＳＡ」の３種類がありました。が、２０２４年１月にスタートした「新NISA」は、大きく変わっています。

まず、20歳未満の「ジュニア」枠はなくなり、「つみたて投資枠」と「成長投資枠」（いずれも対象は18歳以上）の2種類になりました（ジュニアNISAの新規購入はできなくなりましたが、すでに利用している人は18歳になるまで引き続き非課税で保有できます）。

余談ですが、私としては、ジュニアNISAのコンセプトは悪くなかったと思っています。こどもが生まれたときに、1年分の投資限度額の80万円を大学に入るまでの18年間寝かせておけばけっこうな利益になるはずで、うまくいけば国立大学の4年分の学費くらいは捻出できるだろうと思ったので、上の子が生まれたときにやってみました（最近は国立大学の学費が値上げされるというような話もあり、貯蓄や学資保険では足りなくなるかもしれません）。その子の銀行口座をつくったところでジュニアNISAも始めましたが、担当してくれた銀行員の方が、その手続きの仕方を全然わかっておらず、長時間かかった上に結局、間違えていて修正のために自宅まで来てくれました。別にその銀行員を批判したいわけではなく、それほどマイナーな存在だったということなのでしょう。

実際、私も2人目のこどものときは、ジュニアNISAの存在を完全に忘れていました。ありがたいことに、上の子のジュニアNISAはかなり順調に利益を出してくれています。

あまり使われなかったので、なくなることになりましたが、もう少し人気が出てもよかったのではないかなと思っています。

NISAの「つみたて投資枠」と「成長投資枠」

それでは、NISAの「つみたて投資枠」と「成長投資枠」の概要を説明しましょう(図9参照)。

まず、この2つは投資できる商品が違います。「つみたて投資枠」を利用できるのは、金融庁が定めた条件を満たす投資信託だけ。一方の「成長投資枠」は、「つみたて投資枠」の対象外の投資信託や上場株式など、幅広い商品に投資することができます。

投資できる金額は、つみたて投資枠で年間120万円、成長投資枠で年間240万円、総額は両方の枠を合わせて1800万円です(成長投資枠は1200万円まで)。

また、「つみたて投資枠」は、その名のとおり、つみたて投資での利用に限定されています。それに対して、「成長投資枠」は買い方に制限がなく、一度にまとまった金額を投資する「一括投資」も可能です。

そう聞くと、利用できる商品や買い方に制限のない「成長投資枠」のほうが使いやすい

図9　「つみたて投資枠」と「成長投資枠」

	つみたて投資枠	併用可	成長投資枠
非課税保有期間	無制限		無制限
制度（口座開設期間）	恒久化		恒久化
年間投資枠	**120万円**		**240万円**
非課税保有限度額（総枠）	**1,800万円**		
			1,200万円（内数）
投資対象商品	長期の積立・分散投資に適した一定の投資信託（金融庁の基準を満たした投資信託に限定）		上場株式・投資信託等
対象年齢	18歳以上		18歳以上

https://www.fsa.go.jp/policy/nisa2/know/index.html

と思うかもしれません。でも、投資の初心者におすすめしたいのは、制限のある「つみたて投資枠」のほうです。

　というのも、金融庁が「つみたて投資枠」で定めた条件を満たす投資信託は、ノーロード（販売手数料ゼロ）で、信託報酬も一定の水準以下。つまり、投資にかかるコストが低く抑えられています。信託報酬が低いので、仕組みの複雑な投資信託はほとんど含まれません。コストが低くてわかりやすい投資信託ばかりなので、初心者でも安心して利用できるのが「つみたて投資枠」なのです。

　それに、つみたて投資という買い方そのものが、初心者向きです。一括投資は一度にまとまった金額をつぎ込むので、これまで投資経験のない人は多少なりとも不安を感じるでしょう。そもそも、最初から一括投資できるほどのまとまった資金を用意できる人はあまり多くないと思います（少額でも一括投資はできますが、それではあまり意味がないでしょう）。

なにより、投資においてかなり大きなハードルとなるのは「めんどくさい」という気持ちです。定期的に家計を見直し、その都度、追加投資金額を検討して資産のバランスを調整していくというのはきわめて面倒な作業です。私も、「資産運用を見直さないとな」と思ってから平気で数カ月放置してしまいます。先日ネット証券で口座を開設したときも、リンクの有効期限である1カ月を超えて放置してしまい、再発行を依頼しました。家計の資産バランスの見直しのための時間など生活の中での優先順位は相当下のほう、スマホをぼんやり眺めている時間以下の扱いなのがふつうですから、仕方のない話です。投資にあまり興味のないみなさんなら、なおさらなのではないでしょうか。そういうときに、定期的な自動積立というのはとても便利なものです。

初心者は「つみたて投資枠のインデックス投資信託」の一択

ですから、NISAを利用するなら、「つみたて投資枠」でコストの低い投資信託を購入するのが、いちばん安心。どうしても「成長投資枠」でしか買えない投資信託や個別株式などを選びたい場合に成長投資枠を利用することは止めませんが、よくわからないのであれば成長投資枠は無視して、最初から「NISAにはつみたて投資枠しかない！」と思っていてもまったく問題ありません。また、最近、「成長投資枠を活用すべし！」というネット広告をよく見かけますが、初心者はすべて無視しましょう。

NISAの「つみたて投資枠」の利用条件を満たす投資信託の中には、当然ながらインデックス投資信託がたくさん含まれています（一部、アクティブ投資信託も含まれていますが、投資初心者の方は無視してください）。「貯蓄から投資」に切り替えた初心者なら、投資すべきはこの「NISAつみたて投資枠のインデックス投資信託」の一択《いったく》だと思ってかまいません。NISAは1800万円まで非課税で保有できるので、少なくない人にとっては「生涯つみたて投資枠一本」でも十分でしょう。なお、成長投資枠でもつみたて投資枠の対象商品を購入することはできますので、少し資金に余裕ができたら積み立てている商品と同じものを手動で買い増すようなこともできるでしょう。

なにしろ非課税で、手数料はゼロ、信託報酬も低いので、コストが低い。しかも市場全体を丸ごと買っているようなものなので、経済が成長すれば連動して値上がりする。自分で情報収集をする必要もなければ、投資のタイミングに迷うこともありません。投資初心者に対してはこれしかないというのが「NISAつみたて投資枠のインデックス投資信託」で、しかもそれだけでも一生困らないという優れた制度です。

自動車の運転でいえば、これは「オートマ限定免許」を取得して車に乗るようなもの。運転の好きな人の中には、「マニュアル車じゃないと運転の醍醐味《だいごみ》は味わえない」などという人もいますし、たしかにそれはそうかもしれません。私は大型二輪免許も持っているのですが、スクーターに乗っている人を見ると「クラッチのないバイクに乗っていて楽しいのかな？」と思ってしまいます。でも、運転免許を取得する人のほとんどは、自動車で移動することの利便性や実用性を求めているだけです。「醍醐味」を味わいたいわけではないでしょう。

投資にも、上級者にとっての「醍醐味」みたいなものはあります。でもそれは、投資が好きで好きでたまらない人が、次章でお話しする「趣味レベル」の金融商品で味わうべきもの。「お金をインフレで目減りさせずに賢く運用したい」というだけの人は、「オートマ限定免許」のようなインデックス投資信託のみでも、一生困ることはありません。

ただし、投資先を「NISAつみたて投資枠のインデックス投資信託」と決めても、そこから先にも選択肢はいくつかあります。どういうタイプの「インデックス」を選ぶかは、自分で決めるしかありません。

そこは少し迷うところですし、投資の面白さや難しさを感じるところでもあるでしょう。「オートマ限定免許」でも、自動車に乗る以上はルート選びで迷うこともありますし、運転の面白さや難しさもいくらかは味わうことができます。

つみたて投資のメリットは「ほったらかし」でいいところ

つみたてNISA（つみたて投資）の大きなメリットのひとつは、「ほったらかし」でいいところです。これもいろいろなところでいわれているので「ほったらかし投資」という言葉を目にしたことのある人もいるでしょう。「ほったらかし投資」はとても重要な考え方なのですが、見ていると、間違った理解をしているケースも散見されます。ただ間違っているだけならまだいいのですが、どうもわざと間違って使って、投資初心者を引っかけようとしている業者もいるのではないかと思っています。みなさんはそういったものに引っかからないようにする必要があります。

「ほったらかし投資」とはなにかというと、「配当を再投資してくれる商品に投資すること」です。株式投資信託であれば、投資した株式から配当が支払われることがあります。これを、同じ投資信託にもう一度投資するのが「再投資」というものです。この再投資をするかしないかはとてつもなく重要です。なぜかというと、再投資することではじめて「複利効果」が発揮《はっき》されるからです。

先ほど、借金や投資信託は雪だるま式（指数関数的）に増加していくという話をしました。ただし、投資信託が雪だるま式に増えていくには、配当が再投資されなければなりません。いちいち現金で払い戻されていたら、複利にならないのです（単利になります）。結局、自分で再投資をしないと複利効果が発揮できないので、ほったらかしておいてはダメで、自分でメンテナンスをする必要があります。

それで、つみたてNISA（つみたて投資）をする際は、配当金を定期的に払い戻す「分配型」というものを避けなければなりません。つみたてNISAの場合は、頻繁《ひんぱん》（たとえば毎月など）に分配するような商品は排除されているので基本的には安心してよいですが、成長投資枠で買う場合や、NISA以外の口座で投資をする場合は間違って「分配型」を買ってしまっていないかよく確認する必要があります。再投資型の投資信託を買ってしまえば、安心して「ほったらかし」ておいてかまいません。

さて、間違った「ほったらかし投資」とはなにかというと、一部の投資商品では「値動きが大きくない＝頻繁に価格をチェックしなくていい＝ほったらかしておいていい」ことを「ほったらかし投資」と呼んでいるようなのですが、先ほど説明したことからもわかるとおり、これは正しい意味での「ほったらかし投資」とはまったくの別物です。

私が見たかぎり、どうも不動産投資系の商品がこの意味で「ほったらかし投資」と呼んでいることが多いように思います。単に不勉強なだけであればまだマシなのかもしれませんが、つみたてＮＩＳＡから顧客を奪うために、この「ほったらかし投資」の使い方が本来の意味ではないことを理解した上で、あえてミスリードを狙っているかのように感じます。

多くの不動産投資系の投資商品は、配当金が再投資されません。なので、複利効果を得ようと思ったら、配当が支払われるたびに、自分で再投資先を考える必要があります。これはむしろ「ほったらかし」にしていてはいけないタイプの商品なので、これらの投資商品が「ほったらかし投資」を名乗るのはいかがなものかと思います。景品表示法《けいひんひょうじほう》上の「優《ゆう》良誤認《りょうごにん》」に当たる可能性もあると思います。いずれにせよ、みなさんは「インデックス投資信託以外に投資はしない」ということをしっかり理解し、このような投資商品の広告を見かけても相手にしないようにしましょう。

選ぶべきは国内株式か海外の株式か

ＮＩＳＡの「つみたて投資枠」を利用できるインデックス投資信託には、ＴＯＰＩＸや日経平均株価などの国内株式、Ｓ＆Ｐ５００をはじめとする米国株式のほか、全世界株式、先進国株式、新興国株式など、株式の分野だけでも、さまざまな市場の平均株価に連動するタイプがあります。

運用実績はどの期間で見るかによって大きく変わってきますが、近年の運用実績を見ると、いちばん利回りが高いのはアメリカのＳ＆Ｐ５００に連動するタイプです。30年間で見ても８％程度の利回りを確保しており、十分なリターンであるといえます。しかし、過去の成績がよいからといって、今後もそうなるとはかぎりません。そこだけに絞るのはリスクが高いと考えるなら、Ｓ＆Ｐ５００以外の市場も組み込まれた「全世界株式」や「先進国株式」などを選ぶという考え方もあるでしょう。

また、前にお話ししたとおり、投資は個人の利益のためだけにやるものではありません。個人の利益のためだけであればＮＩＳＡのような優遇制度は必要ないのです。この社会で暮らす大人の責任として、経済の「血液」であるお金を十分に回し、より豊かな社会を築くこともひとつの目的です（もちろん経済全体がよくなればその利益は個人にも還元されます）。

その意味では、日本人が日本経済に貢献するために、国内株式を含むインデックス投資信託を買うのもひとつの考え方でしょう。

少し前までは「国内株式は海外と比べて利回りが低い」という評価が支配的でしたが、２０２３年末からの株価の急上昇で、短期間で見れば日本株インデックスも米国株や全世界株式に比べて見劣りしない水準になっています（２０２４年８月の大暴落で、また見劣りするようになったとは思いますが）。

一般的に、株式投資には「その会社を応援する」という意味合いもあります。日本経済を応援するために国内株式に投資するという発想は、私はアリだと思っています。

ちなみに、私は国内株式に半分、全世界株式に半分くらいを目安に投資していました。これはなるべく現実世界と同じになるように分散投資すべきという考え方からすると、世界の半分以上が日本であるような資産構成になっているため、明らかに日本のリスクを取りすぎてはいます。もっと効率のよい組み合わせはいくらでもあると思いますが、そこまでマニアックに突き詰めるつもりもないのでこれで十分かなと思っています（現在は運用を、後述するファンドラップに丸投げしたため、日本株の割合は20％くらいになりました）。

一方で、インデックスにも偏ったものがあります。日本株インデックス自体も偏っているといえますし、いま伸び盛りの国（中国、インド、ブラジルなど）に投資する新興国インデックスに関しては、本質的に分散が効かせられていないともいえます。あくまでも軸は「全世界株式」にしておき、こだわりがある人は自分で考えて違うインデックスを選ぶというのがよいかと思います。逆にいえば、こだわりがない人は全部「全世界株式」でよいということです。

また、分散投資の原則からすると、日本を除いた外国株式にのみ投資するという考え方もあり得ます。

というのも、日本人のほとんどは日本国内で働くことで賃金というリターンを得ていますから、日本経済が悪くなれば賃金が下がるかもしれません。この労働を「国内投資」だと考えれば、投資信託を「海外」にすることで、リスクが分散されるでしょう。賃金で生じたマイナスを投資信託だけでカバーできるとは思いませんが、少しでもリスクを分散するために外国株式への投資を選ぶのも、それなりに筋の通った考え方だと思います。

いずれにしろ、インデックス投資信託を選ぶことは「正解」といえますが、どのインデックスを選ぶかはそこまで突き詰めて「正解」を考えなくてもいいと思います。みなさんがＮＩＳＡを始めやすい金融機関にラインナップされているもののうち、「全世界株式」を軸に考えていくというくらいのゆるい方針で十分ではないでしょうか。

3 .ｉＤｅＣｏ

老後資金づくりに役立つ「iDeCo」とは

ちょっと話は変わりますが、ＮＩＳＡと似た制度を政府がもうひとつ用意しているので、それもここで紹介しておきましょう。

「ｉＤｅＣｏ」という愛称で呼ばれる個人型確定拠出年金です。ｉＤｅＣｏのメリットはＮＩＳＡと同様に運用益が非課税になることもありますが、なんといっても掛け金が非課税になること。仮に年間10万円をｉＤｅＣｏに払っていたとすれば、所得にもよりますが、年間の税金が2万〜3万円安くなることになります。

NISAは「投資の利益」に本来20%課税されるところが非課税になる制度でしたので、iDeCoと同じくらいの節税《せつぜい》をしようと思ったら、100万〜200万円くらいの積み立てが必要になりますし、NISAは「〇〇ショック」のようなものが起きて損失を出してしまったら節税効果はありませんので、不安定です。

そういう意味で、iDeCoはNISAとは違った意味で極めて強い節税効果を持つ制度といえます。ただし、iDeCoの節税効果にはちょっとした落とし穴があるので注意する必要があります。それはあとで改めて説明します。

NISAは金融庁の管轄ですが、iDeCoは厚生労働省の管轄。2001年10月に始まりました。

これは老後の資金づくりを目的とした制度なので、給付金を受け取ることができるのは60歳以降です。それまでは原則として、積み立てた資産を引き出すことはできません。

月々の掛け金は、最低5000円から1000円単位で自由に決められます。ただし上限はあって、それは人によって異なります。自営業者などは月額6万8000円（年間81万6000円）まで積み立てられますが、会社員や公務員などは月額1万2000〜2万

3000円と、勤め先の種類によって幅があります。詳しく知りたい方は会社の総務部あたりに問い合わせてみてください。

老後のための年金には、国民年金や厚生年金（この2つを「公的年金」といいます）、企業年金、保険会社などで積み立てる個人年金などがありますが、自営業の人は厚生年金や企業年金がありません。国民年金だけでは老後資金が厳しいので、自営業者は積立上限額が高く（つまり年金がたくさん受け取れるように）設定されています。ちなみに私自身はiDeCoで毎月2万3000円を積み立てています。

毎月の掛け金を決めたら、iDeCoに預けたお金を何で運用するかを自分で決定することになります。本書をここまで読んでいただいた方にはもうおわかりでしょうが、原則として全世界株式のインデックス投資信託で運用するのがよいでしょう。こだわりたい人はしっかり勉強して選べばいいと思いますが、考えるのが面倒だという人は「インデックス投資信託（とりあえず全世界株式）だけやっていれば十分」という言葉を思い出してください。

また、以前は60歳未満の人しか加入できませんでしたが、2022年5月の法改正以降は、一定の条件を満たしている人は65歳になるまで加入できる（つまり掛け金を積み立てられる）ようになっています。さらに、それを70歳まで延長する方針が現在検討されています。寿命が延びているのに合わせて、働く高齢者にも対応できる制度になったといえるでしょう。

給付金は課税対象になるので注意が必要

先ほど触れた「ちょっとした落とし穴」というのは、iDeCoの給付を受け取るときにあります。iDeCoは掛け金が全額非課税になる強力な節税手段ですが、60歳以降に給付を受け取るときに税金がかかるのです。

掛け金をトータルで500万円払ったとして、払ったときは100万〜200万円くらい節税になったものが、その「500万円＋運用による利益」に改めて税金がかかるのです。ざっくりいうと、iDeCoは単に税金を支払うのを後回しにしているだけだともいえます。

これはまったく無意味というわけではないと思います。給料が安い若いうちは税金が安く、それなりに蓄えができたときに税金をまとめて払うことには一定のメリットはあるでしょう。

受取り時にもうまくするると節税できるのですが、かなり複雑なので本書では説明しません（インターネットでいくらでも検索できるので興味のある方は調べてみてください）。

ただ、ひとつ問題ではないかと思っているのは、少なくない人にとって一時金（一括受取り）が有利になってしまうことです。iDeCoの受取りを「退職金」とみなすことで節税ができ、その受取り方がもっとも有利になるケースが少なくないのですが、そもそも、iDeCoは「個人型確定拠出年金」の名前が示すとおり、本来は年金なのです。長寿化に備え、老後の生活費を年金の形で支払うことがそもそもの想定なのに、一時金（一括受取り）がいちばん有利になるのでは本末転倒なのではないかと思います。

また、iDeCoは終身年金（亡くなるまで一定の金額が受け取れる年金）での受取りもできるのですが、あまりメジャーな受取り方ではないようです。一時金（一括受取り）はもちろんですが、最長でも20年で終了する有期年金は、60歳から受け取り始めたら80歳には終わってしまうことになり、本当の意味で長寿リスクに備えていることにはなっていません。

iDeCoそのものは、決して悪い制度ではありません。だから私自身も利用しているわけですが、「非課税」が売りのわりに肝心の給付金が単純に非課税にならず、一時金

（一括受取り）を誘発するような仕組みになっている点は、やや不完全だと思います。iDeCoの受取りを終身年金にした場合は、受取り時も非課税にするなどの優遇があってもよいでしょう。超高齢社会の日本にとって年金制度は重要な問題ですから、そこは将来的に見直す余地があると思います。

終身年金は社会にとっても合理的

ここで少し、年金のあり方についてお話ししておきましょう。iDeCoの話からもわかるように、老後の年金は、大きく「確定年金」と「終身年金」の2種類に分けられます。

あらかじめ支給期間が決まっているのが、確定年金。たとえば支給期間15年の確定年金を60歳から受け取り始めると、75歳で打ち止めとなり、それ以降は年金が支払われません。支給期間内に本人が亡くなった場合は、残った年金資産が遺族に相続されます。

一方、その名のとおり本人が亡くなるまで何年でも支払われるのが終身年金。60歳から受給開始した人が65歳で亡くなっても、100歳まで長生きしても、毎年同じ額の年金が支払われます。早くに亡くなったからといって、遺族に資産が残るわけではありません。

公的年金（国民年金と厚生年金）は終身年金のみですが、生命保険会社が販売する個人年金やｉＤｅＣｏは、この2種類から選ぶことができます。さて、それでは確定年金と終身年金のどちらが得なのか。これは難しい問題でしょう。

簡単にいってしまえば、思ったより早死にしてしまうと損なのが終身年金、思ったより長生きすると損なのが確定年金ということになります。でも、早死にするか長生きするかは誰にも予測できません。だから迷うわけです。

ただ、それぞれの個人の損得は別にして、老後の収入を保証する仕組みとして考えた場合、終身年金は社会にとっては大変合理的です。

というのも、もしみんながそれぞれの貯蓄で老後に備えるとしたら、平均的に必要とされる資産（たとえば金融庁の試算なら２０００万円）を持っていても、それをちょうど使い切って人生を終えるとはかぎりません。早く亡くなった人は貯蓄が余り、長生きした人はお金が足りなくなります。

すると当然、お金が足りなくなるほうが困るので、老後はあまりお金を使わなくなるでしょう。長生きに備えるべく、必要以上に貯蓄や節約をして、消費を控えるようになり、結果として、多くの人が財産を余らせたまま亡くなってしまうわけです。もちろんそれは遺産として遺族に渡るわけですが、自身にとって本当にそれがベストといえるかは微妙なところでしょうし、経済にとってもよくありません。まさにこの30年間の日本がそうですが、貯蓄をたくさん持っている高齢者が消費にも投資にもお金を使わないことは、経済を低迷させる大きな原因になります。

それに対して、みんなが終身年金で老後に備えると、いわば老後資金をみんなでシェアすることになるので、個々の過不足が相殺されます。「長生きしてお金が足りなくなるかもしれない」という不安がなくなるので、余計な貯蓄や無理な節約をする必要がありません。安心して消費ができます。それぞれの個人は豊かな老後を送れますし、経済にもよい影響を与えるでしょう。そういう意味で、終身年金は合理的な仕組みであり、究極の「DIE WITH ZERO（ゼロで死ぬ＝死ぬときまでにお金はすべて使い切る）」です。

いかに終身年金を普及させるか

ところが日本でも諸外国でも、民間の保険会社などが扱う終身年金はなかなか普及しません。その理由のひとつは、「早死にすると損」だからでしょう。

終身年金は、いわば早く亡くなった人の貯金を長く生きている人に渡すような仕組みです。貯蓄として持っていれば、早く亡くなったときは余りを遺族が相続することになりますが、終身年金では遺産として残せません。

もちろん終身年金は長生きすればするほど得をするのですが、自分が損をする可能性のほうに目を向けがちなのが人間の心理です。自分が早死にしたことで長生きした人が得をするのは、たしかにあまり気持ちのよいものではありません。

でも、その一方で、多くの人が長生きを望んでいることもたしかです。ならば、「長生きしたほうが得」な年金システムのほうが社会にとって健全ではないでしょうか。「長生きしたら損をする社会」は、なにか間違っているような気がしてなりません。

また、生命保険会社が販売に消極的なのも、終身年金があまり普及しない要因のひとつです。保険会社が積極的に売りたがらないのは、単純な話、儲からないから。人気がないので売るのも大変な上、契約者が長生きすれば、保険会社は長く年金を払わなければいけません。それに備えて資金を積み立てておく必要もあります。日本人の寿命はまだまだ延びていくと予測されていますので、終身年金を提供してしまうと、30年も40年も支払いを続けていかなければならなくなるかもしれません。それは生命保険会社にとって非常に負担が大きいので、終身年金は保険会社にとって割に合わない商品なのです。

でも、先ほどいったとおり、個人にとっても社会にとっても、終身年金は合理的なものです。どんどん進む高齢化は、社会保障費の増大をはじめとしてさまざまな歪みを生んでいますが、もし終身年金がもっと広く普及すれば、高齢化問題の有効なソリューションになる可能性があります。終身年金が社会にとって非常に合理的なものなのに、全然、普及が進まないことは日本だけでなく諸外国でも同様で、それは「終身年金パズル」とよばれています。日本がこのパズルを世界に先駆けて解くことができれば、長寿化する社会で一歩リードすることができるのではないでしょうか。

国民年金や厚生年金は終身保険ですが、それに加えて民間の終身年金があれば、いまよりも多くの高齢者が毎月の生活費や趣味のための資金をまかなうことができるようになり、「今月の年金を使い果たしても来月また入ってくるから」と安心してお金を使うことができるでしょう。また、年金については「現役世代の負担」が常に問題になりますが、民間の終身年金であれば「同世代でのシェア」なので、世代間対立を引き起こすこともありません。終身年金パズルの解決は、高齢化が加速する現状において、今後重要な社会的課題になってくると思います。

第5章 趣味としての投資

「趣味」の投資は競馬やパチンコと同じ

本書の「結論」は、すでに「はじめに」でお伝えしました。「貯蓄」から「投資」に向かう人たちに私がおすすめする金融商品はただひとつ、「(全世界株式を基本とした)インデックス投資信託」です。その内容も、前章で詳しくお話ししました。

ですから、いちばん重要な話はもう終わったようなものです。あとは、より具体的に「いつから」「いくらぐらい」の投資を考えればよいか——という実践的な話をしなければなりません。

でもその話をする前に、本章と次章で、インデックス投資信託以外の投資も取り上げておきましょう。

いずれもリスクが高いので、初心者向きではありません。でも、金融リテラシーを高めるためには、そういう投資の世界があることを知っておいたほうがいいでしょう。それによって、インデックス投資信託に対して、より前向きになれるかもしれません。

また、ここで取り上げる株式、債券、不動産などは、インデックス投資信託に組み込まれることもあります。

インデックス投資信託への理解を深め、その利用法を自分なりに考える上でも、それぞれの金融商品に関する知識は無駄にはなりません。

さて、まず本章で紹介するのは、私が「趣味の領域」と考える投資です。趣味とは何でしょう？　趣味とはふつう、お金を払ってでもやりたい楽しみのこと。

これから紹介する投資は、どれも、うまくいけばお金が儲かるので、読書や映画鑑賞やスポーツとは異なり、「趣味と実益を兼ねる」といえるかもしれません。ただ、失敗すれば大きく損をする可能性があることに注意せねばなりません。

「趣味としての投資」とよく似ているのは、競馬やパチンコです。ガチャ課金のキツいスマホゲームも似ているかもしれません。いずれも、お金を失うかもしれないことは承知の上で、買った馬券が当たるかどうか、選んだパチンコ台がよく出るかどうかといったスリルを味わいながら、たまたま勝ったときはその幸運を喜ぶ――それが本来の楽しみ方でしょう。ギャンブルの収益で生計を立てている「パチプロ」や「雀《ジャン》ゴロ」のような無頼な生き方を選択することを否定することはしませんが、大半の人はそのような人生は望まないでしょう。

これから紹介する投資も、それと同じ。実益の面で人生を豊かにしたいなら、手を出さないほうが無難です。しかしそこに独特のやり甲斐や楽しさがあることもたしかなので、人生にそういう彩りを求めるなら、やってもいいでしょう。

ただしその場合も、投資したお金をすべて失う、それなりのリスクがあることは覚悟してください。どんな趣味も、家計が許す範囲内で楽しむものです。

たとえば時計やクルマやワインが大好きな人が、老後資金として貯めたお金をそのコレクションに使い果たしてしまったら、趣味の範囲を逸脱しているとしかいえません。趣味としての投資は、たとえ失敗しても人生設計が破綻しない範囲にとどめておくのが鉄則です。それをしっかり頭に入れておいてください。

1 株式投資

個別株式への長期投資

さて、最初に取り上げるのは、「個別株式への長期投資」です。多くの投資信託には複数の株式銘柄が含まれていますが、こちらは特定の会社が持つ技術やビジネスモデルなどに期待して、その株式を買うもの。個別株式の取引には、短期的に売買をくり返す「デイトレード」もありますが、そちらはさらに大きなリスクがあるので、次章で取り上げます。

株式への投資は、その会社の「株主」になることを意味します。「この会社の事業には社会的な意義がある」とか、「きっと成長して株主に利益をもたらしてくれるだろう」という自分の見立てに基づいて投資し、その期待が実現したことに喜びを見出すわけです。

これはいわば、株式を買うことによって、自分がその会社の「推《お》し」になるようなもの。そういう意味でも、やはり「趣味」的な要素があるといえるでしょう。目先の株価の動きだけを見て、ひたすら利益を追い求めて売買するデイトレードとは、そこが大きく違います。

そもそも企業が株式を発行するのは、それを買ってもらうことで、事業に必要な資金を集めるのが目的です。それを使って事業を行い、なるべく多くの利益を出して資本を増やすのが企業経営者の使命。利益を出して資本を増やせば市場での評判が高まり、多くの投資家が「この企業の株を持っていれば儲かるだろう」と思って買うので、株価が上がります。

それによってみんなが欲しがれば欲しがるほど、その会社の株価は上がる——それが、株式市場の基本的なメカニズムです。株価が安いときに買っていた人は、値上がりしたところで売れば利益が出ますし、そのまま持っているだけでも資産が増えるので、得をしたことになります。

投資した株主は株価が下がると損をしますから、その企業の経営者に対して「もっと努力して株価を上げてくれ」と要求できる立場にあります。最初に発行された株式を買った人だけでなく、その人が売った株を買った人も、その立場に変わりはありません。

株の購入によってその会社に資金を提供したのは最初に買った人なので、次に買った人は立場が違うのではないかと思う人もいるでしょう。たしかに、2番目に買った人が払ったお金は、株を発行した会社ではなく、その株を売った人のフトコロに入ります。それによって、会社の資金が増えたわけではありません。

しかしそれでも、株を買った人は「株主」として同じ資格を持っています。その会社の業績や能力を見て、株価がもっと上がると信じて投資したのですから、経営者にはその期待に応えてもらわなければなりません。株主は会社の「オーナー」なので、株価を下げるような経営者に交代を要求する権利もあります。

もちろん、株式は大量に発行されるので、ほとんどの場合、株主はひとりではありません。株式をたくさん持っている株主ほど、発言権が強くなります。

ひとりで過半数の株式を持っていれば、その人の一存で経営者をクビにすることもできます。複数の株主が結束して過半数を握り、株主総会で社長に退陣を迫ることもあります。経営状態がいまひとつだと、「〇〇ファンド」のようなところが大量に株を買い、経営改善を迫るようなことをしたりもします。こういった人たちは「アクティビスト」と呼ばれ、「ハゲタカ」などと悪くいわれたりもしますが、株式を買い集めた株主が経営者にプレッシャーをかけて経営をよりよくさせることは、株式市場の大事な機能のひとつです。会社の持ち主は社長ではなく株主なのです。

個別株式への長期投資とは、そういう株主としての立場を手に入れることにほかなりません。株式市場全体の値上がりを期待するインデックス投資信託とは、投資家としての立場がまったく異なるのです。

配当金と株主優待

ところで、株主が得られる金銭的なメリットは、株価の値上がりによるものだけではありません。株式を発行して事業資金を集めた企業は、その事業によって利益が出ると、その一部を「配当金」として株主に分配します。

配当金を支払うタイミングはさまざまですが、多くの会社は、年1回の本決算のときか、それに中間決算時を加えた年2回。それぞれの株主が受け取る配当金の額は、持ち株数に比例します。

ただし、利益が出ても企業が配当金を支払わないことはありますし、逆に利益が出ていないのに配当金を支払うケースもあります。「儲かっているなら株主に還元すべきでは？」と思うかもしれませんが、利益を社内に蓄積（内部留保）しておいて、次の事業への投資に使ったほうがよいという経営判断も当然あり得ます。そして次の事業が成功すればさらに株価が上がるので、当然、株主の資産も増えることになります。

ですから株主としては、配当金が出なくても、株価さえ順調に上がれば納得できるでしょう。逆に、利益を株主に分配せずに内部留保を貯め込んでいるにもかかわらず株価が上がらなければ、経営陣の力不足を問題にせざるを得ません。

そういう会社は、株主の集まる株主総会で、経営者の責任を厳しく問われることになります。社長の交代を要求されることもあるでしょう。アクティビストの絶好の狙い目でもあります。株主としては、配当金か株価アップの少なくとも一方を手に入れなければ、投資している意味がないのです。お金を貯め込むばかりで有効活用できないのであれば、それを吐き出してもっと有効活用できる人に回してあげることで経済がよりよくなっていきます。

ちなみに会社によっては、配当金とは別に「株主優待」を用意しているところもあります。飲食店やテーマパークなどを経営する企業の株式の中には、自社のサービスの割引券や優待券などがついているものがあり、それをもらえることが投資する動機のひとつになっている人もいるかもしれません。

たしかに、自分の「推し」を応援するつもりで株主になっているのなら、それも楽しみのひとつでしょう。しかし、大切な資金を会社がそこに使いすぎるのは問題です。株主への分配で最優先されるべきは、あくまでも配当金。その配当金に回すべき原資を犠牲にして株主優待を配っているとしたら、本末転倒です。

株主の中には、株価が下がって配当金が出なくても、株主優待がもらえるがゆえにその株を売らない人もいるかもしれません。それはそれで、その株主の考え方次第ではあります。

でも、業績の上がっていないその会社の株価は、本来なら妥当な価格まで下がるべきです。それを株主優待というその場しのぎの手段で食い止めているとすれば、株式市場の価格形成機能をゆがめていることになります。ダメな会社の株は、ちゃんと売られて値下がりしなければいけません。それが、健全な株式市場のあり方です。

株価の動きを「読む」のはとても難しい

とはいえ、自分が買った会社の株価がちょっと下がったからといって、すぐに「この会社はダメだ」と売ってしまうようでは、長期投資になりません。どんなに将来性のある会社でも、本質的な企業価値（これを「ファンダメンタルズ」といいます）の向上によって株価が上がるまでにはそれなりの時間がかかります。

ですから、自分で応援すると決めた「推し」ならば、その成長をじっくりと腰を据えて待たなければいけません。会社のオーナー（株主）には、そういう態度が求められます。

しかし、その会社がいちばん成長し、本格的に株価が上がるタイミングを見極めるのは容易ではありません。株価は上がったり下がったりをくり返します。一例として、アメリカの半導体メーカー・NVIDIA（エヌビディア）社の2019年以降の株価の動きを見てみましょう（図10参照）。

NVIDIA社は、半導体の中でもとくにGPU（グラフィックス・プロセッシング・

図10　NVIDIA社の株価の推移

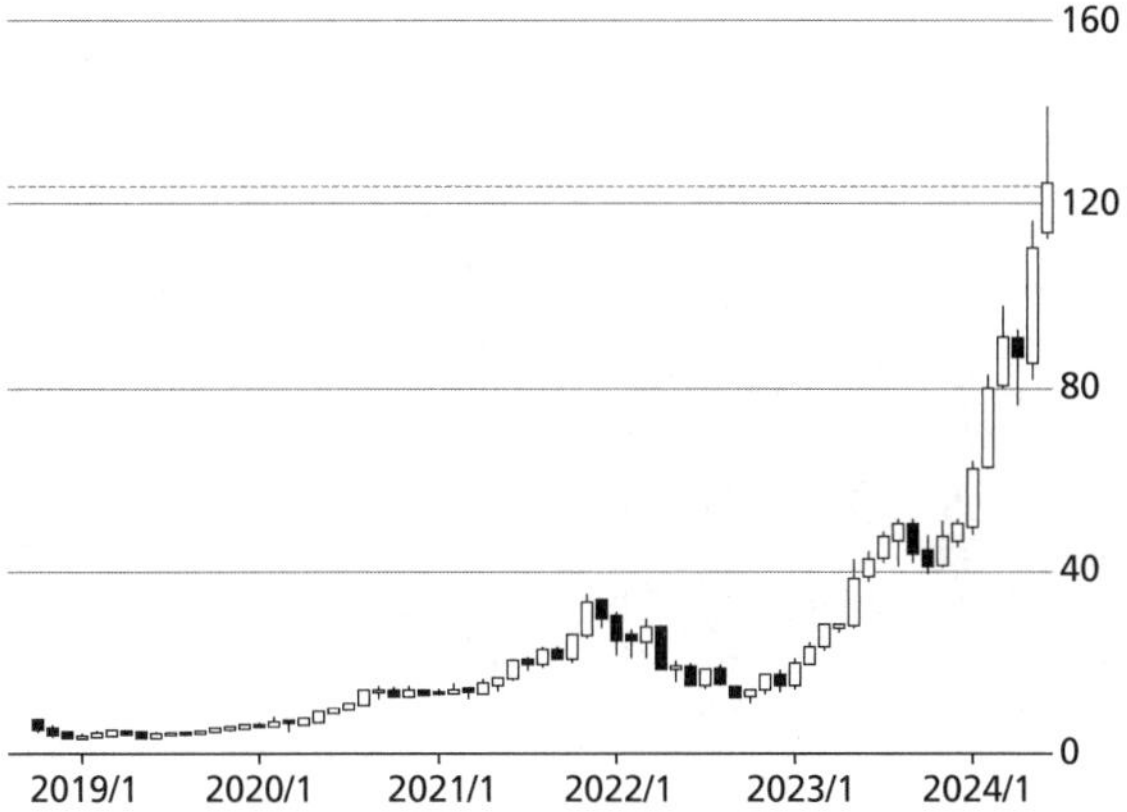

出典：Yahoo!ファイナンス

ユニット）の設計を得意とする会社です。ＧＰＵは、コンピューターゲームなどのリアルタイム画像処理に特化したプロセッサなので、世の中のゲーム需要が伸びるにつれて、ＮＶＩＤＩＡ社の株価も上がっていきました。早くから同社の株式を持っていた人は、それを見て大いに喜んだことでしょう。

しかしゲーム需要が一段落した２０２１年末から、その株価はどんどん下がっていきました。「もっと上がるだろう」と思っていた株主は、「下がり始める前に売れば儲かったのに」と悔しがったかもしれません。それでも買ったときよりは高いので、「もっと下がってしまう前に売ろう」と決めた人もいると思います。

でもそのタイミングで売った人は、1年ほどあとに、また悔しがることになりました。ゲーム需要が一段落してからしばらく経つと、こんどはAI関連でGPU需要が活性化したことで、NVIDIA社の株価は再び上昇に転じたからです。

2023年前半には、ゲーム需要で一時的なピークに達したときよりも、その株価は高くなりました。NVIDIA社の技術力に期待し、ちょっと株価が下がっても売るのを我慢して会社の成長をじっくり見守っていた株主は、2019年からの4年間で株価が10倍にまで膨らんだのです。

このように、個別株式の長期投資には、短期的な値動きにいちいち反応しない忍耐力が求められます。売るのを我慢して株価の再浮上で儲けた人は、「ほら見ろ、やっぱり自分の見方が正しかった。この会社の実力があれば絶対にまた上がると思っていたよ」などと胸を張るかもしれません。

しかし、値下がりしても我慢して保有していた株主が儲かったのは、結果論にすぎないともいえます。会社の株価は、我慢していれば必ず浮上するというものではありません。NVIDIA社の場合も、AI需要が起こって再び値上がりしましたが、そのタイミングでそういう状況になることを事前に予測できた人はいないと思います。

ＡＩ需要そのものは、ＮＶＩＤＩＡ社がつくり出したものではありません。それによって株価が上がったのは、「運がよかった」と評価すべき側面もあります。もちろんその需要に対応して業績を伸ばしたのはＮＶＩＤＩＡ社の実力によるものですが、世の中でＡＩ需要が起こらなければ、２０２３年以降も株価は下がり続け、早く見切りをつけて売った人のほうが得をしたかもしれないのです。

心臓によくなかった株式投資体験

ですから、個別株式への長期投資を始めた人は、やはり毎日の値動きをいちいち気にせずにはいられません。私自身もかつて個別株式に投資したことがあるので、その気持ちはよくわかります。

あれは、金融庁に入って間もない25歳のとき（２０００年代中頃）でした。金融庁の職員は、株式の売買行為にいくつか制約があります。まず、当然ながら自分たちが監督する立場にある金融機関の株式を買うことは許されません。また、短期の売買はどんな株式でも禁止です。株式を買っても、半年以内に売ることはできません。そういったルールさえ守れば、株式投資をすること自体は問題ありませんでした。

それに、金融を相手にする仕事なのですから、自分でも株式投資を経験するのは悪いことではないでしょう。そんな気持ちもあって、いろいろな会社の財務諸表《ざいむしよひよう》などを見て検討し、とある工業系企業の株式を50万円分ほど買ってみました。

すると、その翌日からその株の値動きが気になって仕方ありません。規則上、すぐに売ることはできないので長い目で見るしかないのに、「今日は上がっただろうか、下がっただろうか」と詮《せん》ないことを考えてしまうのです。でも公務員は職務専念義務が厳しく課せられているので、仕事の合間に株価をチェックすることもできません。

毎日仕事が終わったあとにチェックすると、当然ながら株価は少しずつ上がったり下がったりします。上がれば嬉しいので楽しいといえば楽しいのですが、下がれば当然ガッカリするので、「これは心臓によくないな」と思いました。

結局、その時期は株式市場全体が下がっていたこともあって、この株式投資は損をして終わりました。もっと長く持ったら上がった可能性はありますが、値動きをいちいち気にするのもイヤなので、我慢せず早めに損切り（投資家が損失を抱えた状態で持っている株式を売却して損失を確定させること）しました。50万円で買った株を、たしか40万円程度で売ったと思います。損をした10万円は、投資を勉強するための授業料だったと思ってあきらめました。当時の私の貯金が50万円ほどだったと記憶しているので、10万円の損はけっこうなインパクトです。

その時点で、「やっぱり投資信託にしておけばよかった」と反省しました。そう思えただけでも、10万円の授業料には意味があったといえるでしょう。それで次に始めたのが、ＮＩＳＡを利用したインデックス投資信託です。

株式市場が上昇に転じたので、これはしっかり儲けさせてもらいました。総額で２００万円ほどを投資して、最終的には２２０万円ぐらいになっていましたから、個別株式への投資での損失は取り戻したといえます。２０１９年に金融庁を辞めたあと、会社を立ち上げたときは、その資金が役に立ちました。

そういう自分の経験からいっても、やはり効率よく投資をするなら、個別株式ではなくインデックス投資信託を選ぶべきだと思います。個別株式への投資は、「値下がりしても仕方がない」という覚悟を持てないなら、やるべきではありません。なくしてもかまわないお金で、好きな会社を応援するために保有するのがいちばんだと思います。

非上場株式への投資の危険性

ところで、個別株式への投資は、値下がりで損をするリスクが高いだけではありません。詐欺の手段として使われることもありますから、注意してください。その危険性が高いのが「非上場株式（未公開株式）」です。

まず「上場株式」から説明しましょう。株式の上場とは、会社が発行する株式を、証券取引所が運営する市場で売買できるようにすること。上場することによって、会社は広く一般に公開された市場から多くの資金を調達できるようになります。その会社の株式が、誰でも買える商品になるわけです。

ただし、どんな会社でも株式を上場できるわけではありません。証券取引所で売買できるのは、厳しい審査をクリアした会社の株式だけです。

株式を上場すると、資金を集めやすいというメリットがある一方、多種多様な投資家（株主）の意見が経営に強く反映されます。非上場企業はおもな株主が経営者自身やその親族、あるいは関連会社などなので、比較的経営者が自由に経営できるケースが多いと思います。

また、株式を公開していると、会社そのものが買収されるリスクも生じます。そういうデメリット（あくまでも経営者にとってのですが）もあるので、上場が認められるだけの条件が整っていても、非上場の立場を選ぶ会社もたくさんあります。

非上場株式はどんな会社でも発行できますが、販売できるのは発行した会社と、一部の証券会社だけ。それを買った投資家は、売るときに証券取引所は使えません。買ってしまうと、売却するのがきわめて難しいのが、非上場株式です。

なにしろ未公開の株式ですから、投資家が自分で探して買えるようなものでもありません。買いたいと思っても、株式を保有しているのは会社内部の人やそこに近い人たちですから、見知らぬ他人にはそう簡単に売らないはずです。

ですから、もし非上場株式の購入を持ちかけられたら、その時点で怪しいと思わねばなりません。ただ非上場企業の株式は、のちに上場すると一気に値上がりすることが多いので、その場合はまさに「おいしい儲け話」になります。

上場直後のフレッシュな会社は、期待も込められた高い株価がつくことが多いのです。東京証券取引所は海外の主要な取引所に比べて上場しやすいといわれており、実力のない企業が上場されてしまうことも多いせいか（中には上場前から粉飾決算をしていたというひどい会社もありました）、上場直後の御祝儀的な株価をピークにその後株価が低迷する企業が増えて、それが問題になっています。

　本来、株式上場は会社にとって飛躍へのスタートになるべきですが、まるで上場自体が目的（ゴール）であったかのような会社は「上場ゴール」と呼ばれ、揶揄《やゆ》されています。上場直後の高額で売り抜けることができれば、自身は莫大な利益を手にできるので、上場ゴールでも経営者は困らないのです。

　困るのはその会社の将来を信じて上場時の高い価格で買ってしまった投資家です。いつまで経っても会社は赤字で、株価は底にへばりついたままの上場ゴール企業の株を抱えて売るに売れない投資家はつらいでしょう。投資は自己責任といってしまえばそれまでですが、東証の厳しい（？）審査をくぐり抜けたはずなのに、そんな会社がいくつもあるのですから、投資初心者のみなさんが上場直後の会社の将来性を見抜くことは不可能です。

　逆にいえば、上場直前の会社の株式を入手するというのは、そんな売り抜けができる「おいしい」立場になれるということです。

　でも本当に上場の予定があるなら、ふつうの人たちに購入を持ちかけたりしないでしょう。すでにお話ししたとおり、本物の「おいしい儲け話」は、ふつうの人のところにはやってきません（余談ですが、「ふつうでない人」のところにはときどきやってきます。1

988年にリクルート社が政治家や官僚に上場直前の会社の株式をワイロとして渡したのが「リクルート事件」です)。

金融庁のサイトでも、未公開株の購入についての注意喚起がなされています。それによると、〈「上場間近」、「値上がり確実」、「発行会社との強いコネにより入手」、「貴方だけに特別に譲渡します」などと称して未公開株の購入を勧められ、購入したものの、「発行会社に問い合わせると上場の予定はないと言われた」、「株券が届かない」といった相談が増えています。〉とのことです。

投資にそこまで興味のないみなさんは、そもそも非上場株式(未公開株式)を買う必要はありません。そのような話を持ちかけられたら詐欺だと思いましょう。思い出すべきは「インデックス投資信託以外、買う必要はない」という強い戒《いまし》めです。最近はクラウドファンディングで非上場株式を販売するケースもありますが、手軽に買うことはできても、なかなか売ることができません。「行きはよいよい帰りは怖い」のが非上場株式です。詐欺であろうとなかろうと、非上場株式には手を出さないでおくのが無難です。

2 債券投資

会社に資金を「貸す」のが債券投資

次に、「債券投資」の話をしましょう。

債券とは、国や企業などが投資家から資金を借りるために発行する有価証券（それ自体に財産価値のある証書）のこと。金融市場から資金を調達する点では、株式とよく似ています。

会社が資金調達を、株式と債券のどちらでやるかは、そのときの企業の考え方次第。株式の場合、債券と違って「借金」ではないので、投資されたお金を返す必要がないのが企業にとってのメリットです。

しかし新規の株式を発行すると株主が増え、以前からその企業の株式を持っていた株主の持ち分が減ってしまいます。そのため、既存の株主は新株の発行をあまりやってほしくありません。そういう株主を納得させられるだけの理由がないと、新株の発行は難しいわけです。

ですから、企業は、借金を返すだけの余裕があって、低い金利で借りられるのであれば、株式の新規発行よりも融資や債券の発行を選ぶことになります。逆に、よい条件でお金を借りることができない状況ならば、新株を発行するしかない。そのあたりの判断は、企業によってさまざまです。

個人向け社債については、2024年に亡くなられた経済評論家の山崎元《やまざきはじめ》さんが明快に斬《き》ってくれています。個人投資家では価格が適正なのかわからない、個人向けに売り出されている時点で不人気な社債の可能性が高い（これは、「おいしい話はふつうの人には回ってこない」という原則と同じです）、手数料の高いものが多い、などの理由で、個人はわざわざ債券に投資せず、その分を貯金で持っておくので十分ではないかと説明しています（「個人の債券投資覚え書き」2023年6月13日付　https://media.rakuten-sec.net/articles/-/41707）。

また山崎さんは、第3章で少し説明した「仕組債」についても、個人が買う必要がないばかりか、金融庁は個人向け販売を禁止せよ、と厳しくコメントしています。

私もこの意見に賛成で、基本的に個人は個別の債券には投資しなくてよいと思います。一応、分散投資の観点からは組み込むべきだという考えもなくはないと思いますが、わざわざ個別に買うのではなく、どうしても債券投資をしたかったら投資信託に組み込むので十分かと思います。

ちょっと話は変わって、これは金融理論とはいえない話ですが、債券の「会社が潰れないかぎり定期的に一定額のお金が入ってくる」という性質は、サラリーマンの給料に似ています。第2章の最後に「我々の体（労働）には金融資産1億円以上に匹敵する価値がある」といいましたが、それは債券に似た性質を持っているということです。フリーランスの方などはもう少し違うでしょうが、それでも取引先が確保できていて、安定的に仕事が受注できるような状態ならば、その売上は債券に似ていると思います。

つまり、労働をしていれば、1億円以上の債券を持っているようなものなので、わざわざ金融資産で債券を持つ必要がないといえる気がします。さらに、この「体」という債券は会社が潰れても消滅したり減額されたりはしません。会社が潰れたから「タダ働きしろ」とか「時給300円で働いて借金を返せ」というようなことにはならず、転職がうまくいき、新たな取引先ができれば、また改めてお金を生み始めるという点で、極めて頑強な性質を持った債券なのです。

このような理由により、個人はあえて個別の債券を持つ必要はないというのが私の考えです。リスク資産はインデックス投資信託で、安全資産は現金・預金で、というのがシンプルかつ金融理論的にもそれなりに妥当で、投資初心者にはちょうどよいと思っています。

なお、債券には社債以外にも国が発行する国債や地方公共団体が発行する地方債もあります。個人向け国債というのもあり、一応、投資対象と考えることもできなくはありませんが、これは貯金とほとんど同じものと考えてよいです。いま問題にしているのは、「貯蓄から投資へ」のためにどうすればよいか、なので、国債への投資はとくに考えなくてかまいません。

3　不動産投資

不動産投資は投資か？　節税か？

株式や債券と同様、不動産も個別の投資は初心者向きではありません。あとで紹介しますが、不動産投資を含むインデックス投資信託もあるので、興味があるならそういう商品を選ぶ程度でいいでしょう。

いまは都市部の不動産価格が上昇していることもあって、この分野は投資への勧誘が以前にもまして活発に行われています。どこで調べたのか携帯電話に直接かかってきて「マンション投資にご興味ありませんか？」などと聞かれた経験のある人も多いでしょう。

不動産投資については、すでに第2章で「かぼちゃの馬車」事件を紹介し、その危うさを指摘しました。あそこまで悪質なケースはそう多くないと思いたいですが、たとえ不正を働いていない業者であっても、不動産投資はきわめてリスキーだと思ってください。

そもそも不動産投資のいちばんのメリットとしてよく挙げられるのは「節税」です。たしかに、投資用不動産の購入費用は減価償却（何年にもわたって少しずつ経費に算入すること）ができるので、所得税や住民税を節約することができるでしょう。賢くやれば、いくらかの儲けは出せると思います。しかし、それはなにも考えずにできるような話ではありません。「ほったらかし」でいいインデックス投資信託のつみたて投資とは違い、しっかり勉強する必要があります。その勉強をする気持ちがある人は不動産投資を利用した節税にチャレンジすることは止めませんが、それは投資とは別物であるということを理解してください。

「投資」は世界の81億人（私がこどもの頃は50億人くらいでしたが、そこから30年ほどで30億人も増えたのですね）の活動の結果だということができます。なので、「投資」はある意味で自然現象を相手にしているといえます。「カオス」といってもいいかもしれません。ですから、投資の結果（つまりは経済活動）は誰にも操作できません。操作しようとした国家もいくつかありましたが、いずれも失敗しています。

一方で、「税制」は制度です。なので、人が操作します。もちろん、消費税の増税など、実施しようとすると反発の大きさが予想され大変なものもありますが、「節税手法潰し」は時々行われています。実際、「タワーマンション節税」という節税手法がありましたが、2024年からできなくなりました。また、保険商品を利用した節税手法も、金融庁が締め付けを厳しくしています。「投資」の結果は誰にもコントロールできませんが、「節税」は人為的《じんいてき》に潰される可能性があることを念頭に置いておく必要があります。いま活用できている不動産の節税手法がいつまでも活用できるとはかぎりません。投資とはまた違ったリスクがあるということです。

さらに、節税だけではなく「家賃収入でも儲けましょう」という話になると、「かぼちゃの馬車」事件のようなリスクが一気に高まります。不動産購入のために長期のローンを組んだ場合、価格が下落したときのダメージは甚大。近隣の家賃相場が下がればローン返済が苦しくなりますし、売却しても借金を返せません。

かつて「不動産価格は絶対に下がらない」などといわれた時代もありました。しかし多くの日本人がそれを信じてしまったがゆえに、バブル崩壊でひどい目にあいました。値上がりを前提とした不動産投資の誘いは、何の根拠もないので信じてはいけません。リーマンショックの原因となったアメリカのサブプライム問題も、アメリカの住宅価格は下がらないという「神話」が崩壊したことがきっかけで起こりました。

不動産投資信託（REIT）

ただし、投資のリスク分散を考えると、不動産が選択肢のひとつであることは事実です。たとえばインデックス投資信託の中には、「6資産分散型」や「8資産分散型」がありますが、これは株式や債券のほかに不動産も加えたもの。6資産型は国内株式・先進国株式・国内債券・先進国債券・国内不動産・外国不動産、8資産型はそれに新興国株式と新興国債券を加えている商品が多いようです。

そういうインデックス投資信託によく不動産投資商品として組み込まれているのが、「REIT《リート》」と呼ばれる金融商品。投資家から集めた資金でオフィスビルやマンションなど複数の不動産を購入し、そこから賃貸収入や売却益を得ることで運用する不動産投資信託商品です。もともとアメリカで生まれたREITは、日本では「J－REIT」と呼ばれ、2001年には証券取引所で売買できるようになりました。ですからそれ自体に投資することもできますし、REITを含む投資信託に投資することもできます。

何度もくり返しているとおり、初心者が投資すべきはインデックス投資信託だけですから、不動産投資については、不動産投資のための勉強をする覚悟がない人は、REITに投資するかどうかだけを検討すればいいでしょう。株式・債券・不動産に分散投資するのが、リスクを減らす点では合理的なやり方であることはたしかです。

4　アクティブ投資信託

証券会社はアクティブ投資信託をプッシュするが……

本章の最後に、改めてアクティブ投資信託の話をしておきましょう。これも「趣味」でやるべき投資という点で、個別株式への投資などと変わらず、競馬やパチンコの仲間です。なにしろインデックス投資信託の利回りに勝てない商品が多いのですから、初心者がどちらを選ぶべきかは明らかでしょう。

しかし証券会社は、インデックス投資信託よりもアクティブ投資信託を熱心にすすめがちなので、投資の初心者は気をつけなければいけません。そうなるのは、アクティブ投資信託のほうが手数料を10倍以上も高く取れるからです。

インデックス投資信託は、これから投資を始めるような新規のお客の「入口」になるので、その点では証券会社にとってもありがたい商品でしょう。しかし手数料が安いので、いくら売ってもなかなか儲かりません。100万円運用しても、年間の手数料は1000円にもならないのです。そのため、証券会社はまずインデックス投資信託でお客を集めてから、アクティブ投資信託などの、より手数料の高い商品を販売しようとします。

ただ、インデックス投資信託の手数料を下げすぎたために、投資に興味のない一般の投資家がアクティブ投資信託などの余計なリスクを負うことになるとしたら、それはやはり本末転倒です。アクティブ投資信託そのものを否定するつもりはありませんが、そこに高いリスクがあることや、リターンの面でもインデックス投資信託に劣るものがたくさんあることなど、投資家のための情報はきちんと発信しなければいけません。

政府が掲げる「貯蓄から投資へ」というスローガンは、決して間違っていません。私も、大いに賛同しています。でも、その「投資へ」の流れをアクティブ投資信託に向けようとする動きには、気をつけなければいけません。これから投資を始めるみなさんは、投資が面白いなと思えればインデックス投資信託以外の商品について勉強してみてもかまいませんが、全然、興味が持てないなと思ったらインデックス投資信託以外には一切触れないようにすることが大事です。「こんないいアクティブ投資信託がある！」という広告は「いまは○○という競走馬が強い！」というのと同じだと思えば、「自分は競馬には興味ないし関係ない話だな」と、自然に回避できるのではないでしょうか。

第6章 ギャンブル性の高い投資

投資というより、ギャンブル性の高い「投機」

前章では、「趣味レベル」の投資として、個別株式への長期投資、債券投資、不動産投資、そしてアクティブ投資信託を取り上げました。いずれも、競馬やパチンコと同じようにお金を失うリスクがあります。

もちろん、どんな投資も「当たり外れ」がある以上、インデックス投資信託であってもギャンブル性があることは否定できません。しかし、経済全体の成長、いわば人類の進歩に連動するであろうインデックス投資信託と、本質的にギャンブルに近い「趣味レベルの投資」のあいだには明確に線を引くべきでしょう。

さらに、その「趣味レベルの投資」の中にも、よりギャンブル性の高い危険なものがあります。前章で取り上げたものが、競馬やパチンコなどの大衆的な娯楽に近いとすれば、これから紹介するものはまさに本格的な賭博《とばく》、つまりカジノや違法ギャンブルなど、下手に素人が関わると食い物にされる世界とでもいえばよいでしょうか。

投資商品の場合は、基本的にはどれも合法なので、「絶対にやってはいけない」とはいえません。「そんなバカなことはしなければいいのに」と思うような行為でも、社会にとって大きな害悪や迷惑にならないなら認められるのが、自由な社会です。そのような「愚《ぐ》行権《こうけん》」が認められない社会では、酒やタバコ、あるいは登山や海水浴まで禁止されるかもしれません。

ただ、ハマり込むと生活が破綻しかねない危険性を持つ点では、違法なギャンブルと変わりません。合法だから安全、違法だから危険、ではないのです。ギャンブルにハマった人はしばしば「ギャンブル依存症」と診断されますが、ギャンブル性の高い投資の中には、違法賭博よりも中毒性の高いと思われるものがあります。ハイリスクな投資行為を「やめられない、止まらない」状態になってしまったら、どれだけのものを失うかわかりません。

法律では、「ギャンブル等依存症」となっており、ギャンブル「等」と、ギャンブル以外のものも含まれています。具体的には「公営競技、ぱちんこ屋に係る遊技その他の射幸《しやこう》行為《こうい》」と説明されており、公式に賭博であると認められている公営競技（競馬、競輪《けいりん》、競艇《きようてい》、オートレース）のみならず、建前上は賭博ではないはずのパチンコや「射幸行為」（「射幸」とは偶然に大きな利益が得られること）も明示的に含まれています。

大阪市の資料では、「ギャンブル等」の具体例として、パチンコ・パチスロ、競馬、競輪、競艇、オートレースのほか、宝くじ、ナンバーズ、サッカーくじのような、ギャンブルとはちょっと毛色の違った宝くじ類や、スポーツ賭博、インターネット賭博、カード賭博、カジノなどの違法なものも含む賭博に加えて、証券の信用取引（FX）、先物取引市場への投資という「合法な投資」もギャンブル等の一種とされています（https://www.city.osaka.lg.jp/kenko/cmsfiles/contents/0000502/502840/02keihatsu.pdf）。このように、「合法だから安全」というわけではないことに注意する必要があります。

そういうものは、「投資（インベストメント）」よりも「投機《とうき》（スペキュレーション）」と呼ぶほうがふさわしいでしょう。なにが投資でなにが投機かは神学論争《しんがくろんそう》（結論の出ない抽象的な論争）で、決まった考え方があるわけではありませんが、本章で説明するものは「投機」と呼んでもあまり異論が出ないと思います。

その投機的な行為を、まるで「賢く稼ぐ方法」であるかのように語る人も少なくありません。とくに投機に成功して、実際、一攫千金を実現した人は、そういうお金儲けのチャンスに賭けようとしない人々をバカにするような態度を見せたりします。

でも、その成功は本人の実力でも何でもありません。たまたま運よく「結果オーライ」で成功しただけのことです。そういう成功者の発言（というか自慢話）ばかりが目立つので、投機が「賢い行為」であるかのように錯覚してしまうのですが、その陰には、運に恵まれなかった失敗者が山ほどいることを忘れてはいけません（このような勘違いのことを「生存者《せいぞんしゃ》バイアス」といいます）。生活が壊れるような、運次第の投機は、決して賢明な行為ではありません。

本章で触れるものは勉強して理解するのではなく、よからぬ輩《やから》が投資を装って近づいてきたときに「これは危険な投機だから関わらないようにしよう」という判断ができるように紹介していると思ってください。実際は自分では投資をしていないのに、まるで投資で儲けたようなことをいって、「投資必勝法」を売って儲けている詐欺師スレスレの人もいます。投資に必勝法はありませんし、そんなものがあるなら人に教えるはずはありません。これも「おいしい儲け話は自分のところには来ない」ということがわかっていれば引っかからずにすむはずです。

1　株式のデイトレード

デイトレードは誰かが必ず損をする「マイナスサム・ゲーム」

では、まず株式のデイトレードの話から始めましょう。これは個別株式の売買で利益を得ようとするものですが、前章で取り上げた長期投資とはまったく性質が異なります。同じトランプを使うゲームでも、ババ抜きや七並べとポーカー賭博とではまったく違うように、同じ株式を使った投資でも、両者は根本的に違うゲームだと思ってください。

デイトレードは、その名のとおり、1日の値動きの中で株式を売買する取引のこと。長期投資は株を買った会社の成長を何年もかけて見守りますが、デイトレードは購入した株式をその日のうちに売却したり、売却した株式をまた購入したりします。株価の変動に合わせて売買をくり返すことで、こまめに利益を積み上げていくわけです。

デイトレードはちょっとした株価の上げ下げに反応して売買するので、ほかのことはほとんどできません。パソコンのモニターを何台も並べてその前に陣取り、市場が開いているあいだはずっとそこに張りついて、株価の変動を示す数字やグラフとにらめっこするのがデイトレーダーの日常です。ほかの人より一瞬だけ売買が遅れただけで、大きく損をすることもあります。逆に、不確かな噂話《うわさばなし》に焦って飛びついたらその直後に株が大暴落することもあります。また、「仕手筋《してすじ》」という、株価を操作して素人を食い物にしようとしている人たちもいます。

株式市場そのものは経済が成長すれば株価全体が値上がりし、参加者みんなが得をする可能性もある「プラスサム・ゲーム（参加者全員の得失点を合計するとプラスになっているゲーム）」ですが、デイトレードは、その株式市場の一瞬を切り取っているので、「ゼロサム・ゲーム」に近い状態です。さらに、証券会社への手数料などもかかるわけですから、実際は「マイナスサム・ゲーム」になっているといってよいでしょう。証券会社にゲーム代を払いつつ、ほかのプレーヤーと利益を奪い合っているので、必ず負けて終わるプレーヤーが出ます。

ちなみにインデックス投資信託は、そういう奪い合いのゲームではありません。市場全体の平均価格が上がれば、どのインデックス投資信託も運用益が増えます。たとえばTOPIXが上がれば、TOPIXを含むインデックス投資信託を買った人は全員が儲かる可能性があるのです。また、インデックス投資信託はたとえるならば巨大な軍艦のようなものです。海賊にすぎない仕手筋がちょっとやそっと株価に揺さぶりをかけた程度ではインデックスをゆがめることはできません。株式市場に巣くうよからぬ連中から身を守るためにも、インデックス投資信託という軍艦から下りてはいけません。下りたが最後、プレジャーボートのような個人投資家ではあっというまに地獄行きです。

インデックス投資信託は、買ったらまさに大船に乗ったつもりでほったらかしにしておけばよいのですが、戦うライバルのいるデイトレードは生き馬の目を抜く別世界。私自身はやったことがないので想像することしかできませんが、まったく気を抜くことができないので、精神的にもかなりキツいゲームだろうと思います。

「ビギナーズラック」は依存症への第一歩

デイトレードはそういう厳しい戦いの場ですから、投資経験のない初心者がいきなり乗り込んで対等に張り合えるようなものではありません。いわば、百戦錬磨《ひゃくせんれんま》のプロ雀士たちが集まってしのぎをけずる麻雀大会に、ルールを覚えたばかりの初心者が出場するようなものです。

麻雀は運と実力の両方が求められるゲームなので、相手がプロでも初心者がビギナーズラックでたまたま勝つことはあるでしょう。

でも、それは1日で1回か2回ぐらいのこと。半日もやれば、初心者はまず間違いなくトータルで負けます。ラッキーだけでは勝ち続けられません。長くやればやるほど、結果は実力どおりになるのです。

デイトレードもそれと同じようなもの。長年やっているプロのデイトレーダーや機関投資家と初心者が対等に渡り合えるはずがありません。長くやっていれば、どうしても知識や経験の差が出ます。単純な株価の読み合いだけではなく、素人を罠にはめようと株価を操作する仕手筋もいますし、結局はプロの食い物にされる可能性が高いのです。

初心者でもたまたまうまくいって儲かる日もあるとは思いますが、じつはギャンブルで怖いのがこのビギナーズラック。勝ったときに、脳内でなにか人を気持ちよくさせる物質が出るのかどうかは知りませんが、強い快感を覚えます。

すると、それを何度も味わいたくなるのが人間の性《さが》。それからいくら負けても「次こそ勝てるはず」とやめられなくなってしまうのです。それが、ギャンブル依存症に向かう道程でしょう。

デイトレードのような投機にも、そういう面があると思います。ですから「試しに一度だけやってみよう」などと好奇心だけで安易に手を出すのはもってのほか。うっかり儲かったりしたら、それが泥沼への第一歩になりかねません。ラッキーは絶対に続かないので、そんな場所には最初から近寄らないのがいちばん賢い生き方です。

デイトレードをする上でいちばん大切なのは、知識や技術ではなく「鉄火場で生きていく」という覚悟です。その覚悟がないのであれば踏み込んではいけません。デイトレードをすすめてくるインフルエンサーは、そもそもアウトローな鉄火場の住人であることを忘れないようにしましょう。

2 FX

小さな元手で大きな投資ができるFXだが……

次に、そのデイトレードよりも怖い世界をご紹介します。それは「FX」です。誰もがよく見聞きする言葉だと思いますが、これは「Foreign Exchange」の頭文字を取ったものので、日本語では「外国為替証拠金取引《がいこくかわせしょうこきんとりひき》」といいます。

テレビのニュースでは、毎日、日本円と米ドル、ユーロなどの為替相場を伝えているので、外国為替自体は多くの人にとって馴染み深いものでしょう。海外旅行をするときは円相場の動向によって損をしたり得をしたりするので、ある意味では株式相場よりも身近かもしれません。

たとえばアメリカに旅行する前に、「1ドル=100円」で円をドルに交換したとしましょう。帰国したときに、使わなかったドルが「1ドル=110円」(ドル高)になっていたら、高くなったドルを売るのですから、1ドルあたり10円の得をすることになります。逆に円高になって「1ドル＝90円」になっていたら、1ドルあたり10円の損。通貨を売買するときに出るこういう差額によって利益を得ようとするのが投資としての外国為替取引です。

しかし、FXの日本語名は「外国為替取引」ではなく、「証拠金」という言葉も入っています。これは何でしょうか。

投資には、当然ながら「元手」が必要です。同じ利回りなら、最初に用意した元手の額が大きいほど儲ける額も大きくなります。たとえば10％の利回りが達成できた場合、元手が100万円なら運用益は10万円、元手が500万円なら運用益は50万円。当たり前のことをいっているだけですが、それが当たり前ではなくなるのが、FXの「証拠金」という仕組みです。

FXでは、円やドルなどの通貨を100万円分買いたい人が、100万円の元手を用意する必要はありません。たとえば10万円を払って、100万円分の取引をすることができます。証拠金とは、この10万円のことです。

10万円の証拠金で100万円の通貨を買ったことになるので、仮にそれが5％値上がりすれば、利益は5万円。10万円の元手が15万円になったわけですから、利回りは50％になります。

「レバレッジ」をかけると損失も大きくなる

このように、小さな元手で大きなリターンが得られるように投資効率を高めることを「レバレッジをかける」といいます。さきほどの例では10万円の証拠金で100万円の取引ができたわけですから、レバレッジは10倍です。

レバレッジとは、「てこの原理」のこと。この原理を発見したアルキメデスは、「我に支点を与えよ。されば地球をも動かさん」と語ったとされます。十分な長さと頑丈さを持つ棒と支点さえあれば、力点に小さな力を加えるだけでどんなに重い物でも持ち上げられるのが、てこの威力です。

それと同じように、レバレッジ10倍のFXでは、本来なら5％の利回りが、50％にまで膨らみます。なお、日本では25倍までレバレッジをかけることができます。

「それはすごい！　お金のない自分でも大儲けできるじゃないか！」

そう思った人は、ギャンブルの怖さがわかっていません。でも、ここまで本書を読んだ人なら、いまの話に対して、きっと「そんなおいしい儲け話があるかな？」と警戒心を持ってくれたでしょう。それが正しい反応です。

というのも、レバレッジがかかるのは、買った通貨が値上がりしたときだけではありません。値下がりしたときも同じようにかかるので、「損」も大きく膨らみます。

たとえば、4万円の証拠金で25倍のレバレッジをかけて100万円分の取引をしたケースで、買った通貨が5％値下がりしたとすれば、100万円が95万円に減ってしまいます。ふつうの投資のように、100万円の元手を投じたのなら、損失は5万円。しかし証拠金の4万円だけで100万円分の通貨を買った人も同じように5万円の損をすることになり、証拠金が全額失われてしまうだけでなく、1万円を追加で払わなければならなくなります。

レバレッジをかけていなければ通貨の取引で元本以上の損失が出ることはありませんが、レバレッジをかけると元本を超えて損失が出ることもあるのです（これを「元本超過損《がんぽんちょうかぞん》」といいます）。

「レバレッジをかける」と聞くと、ちょっと賢いやり方のような印象を受けるかもしれません。でもこれは要するに、借金して投資をしているのと同じこと。4万円の証拠金を払うことで100万円を借りて投資をしているのです。その100万円で買った外貨が95万円に下がっても、100万円を返さなければなりません。外貨を売った95万円と証拠金の4万円では足りないので、1万円を追加で払うことになります。このような投資が初心者にとって最大の禁じ手であることは、いうまでもないでしょう。

日本ではいまは25倍のレバレッジが上限ですが、以前は400倍のレバレッジをかけることのできた時期もありました。その場合、為替相場が0・25%変動しただけで、証拠金が全部なくなってしまうことになります。

日本国内のFX業者については、いまはそこまでレバレッジをかけることは認められていません。通貨の値動きは通常はそれほど激しくないので、25倍までなら、証拠金を超える損失が出る可能性は高くありません。証拠金を超える損失が出ないよう、一定の損失が出ると取引が停止される「強制ロスカット」というルールもあります。

しかし、ドル円レートが160円をつけ、「過度な円安である」と指摘されていた中、政府の為替介入により1日で5円の円高になったことがありました（2024年4月29日）。これは3%強の値動きですので、レバレッジ25倍（4%）でもギリギリの水準で、強制ロスカットされた人もたくさんいたようです。強制ロスカットは投資家を守るための仕組みですが、値動きが激しい場合は、ロスカットが間に合わないこともあります。

100万円の証拠金で、仮に400倍のレバレッジをかけ為替が3%変動した場合、1200万円の損失になるので、強制ロスカットが間に合わなければ100万円の証拠金を全額失った上、追加で1100万円を払わなければならなくなる可能性もあります。

ちなみに証拠金の額は投資家が決められるので、必ず25倍のレバレッジをかけなければいけないわけではありません。2倍、5倍、10倍など、低く抑えることもできます。しかしレバレッジを低くすると、ふつうの外貨預金とあまり変わらなくなってしまうでしょう。FXらしい「大儲け」がしにくくなるので、趣味として楽しみたい人にとっては魅力がなくなるかもしれません。ネット上でも「レバレッジ規制のなかった昔はよかった」と懐かしんでいる「玄人《くろうと》」が散見されます。パチンコで「昔のギャンブル性の高い台があった時代はよかった」と言っている人に似ているなと思います。

正直なところ私はFXをやったことがないので（それなりに金融リテラシーは高いほうだと思うので「軽い気持ちで手を出していいものではない」と理解しています）、あまりリアリティのある話はできませんが、最近、好きで読んでいる『FX戦士くるみちゃん』（原作・てむにゃん／作画・炭酸だいすき、KADOKAWA）というマンガ作品では、FXを「ギャンブル」といい切っていて、そこがとてもよいと思います。原作者自身がFXでかなり大きな損失を経験しているそうで、失敗してひどい目にあう人の様子などもリアルに描かれているので、怖いものが見たい人にはおすすめです。

また、FXはデイトレードと同様、誰かが必ず負ける「マイナスサム・ゲーム」です。初心者がプロのトレーダーと戦って勝てる見込みはまずありません。レバレッジという仕掛けによって、手持ちのお金のない若い人にも高額取引のハードルが低くなっていますが、それはいわば「罠」みたいなもの。少し検索すると、「FXにハマって会社の金に手をつけてしまい、それがバレて自殺してしまった」というようなニュースも見つかります。「合法な投資」でも命を失うことになりかねないのです。すべてを捨てる覚悟でギャンブルのスリルを味わいたい人以外は、立ち入り禁止のエリアだと思ってください。まさに「鉄火場」です。

3　仮想通貨(暗号資産)

ビットコインは画期的な発明だったかもしれないが……

さて、本章の最後に、もうひとつ危うい投資についてお話しします。それをめぐって起きた悲惨なケースは、すでに第2章でも取り上げました。詐欺の被害にあって消費者金融から150万円を借りた若い女性が、自ら命を絶つ原因となった「仮想通貨」への投資です。

「暗号資産」とも呼ばれる仮想通貨は、ブロックチェーンという技術を介して取引される通貨のこと。まだコンビニでは使えませんが、ネット上の通販サイトだけでなく、リアル店舗でも、それで買い物のできるところが少しずつ出てきました。また、円やドルなどのふつうの通貨と交換することもできます。だからこそ、外国為替と同じように、投資の対象となるのです。

世界各国にさまざまな通貨があるのと同様、仮想通貨も1種類ではありません。いまやインターネット上には、1万種類以上もの仮想通貨が存在するとされています。

その中でもいちばんよく知られているのは、世界で最初に登場した仮想通貨である「ビットコイン」でしょう。その誕生は、2008年。「サトシ・ナカモト」を名乗る匿名の人物がビットコイン（BTC）に関する論文を発表したのが、仮想通貨の始まりです。いまもって匿名なので、名前の印象どおり日本人なのかどうかもわかりません。個人ではなく、数人のグループの可能性もあるといわれています。

仮想通貨を成立させているブロックチェーンの優れている点のひとつは、書き込まれたデータの改竄《かいざん》が極めて困難であること。取引の記録を誰も改竄できず、不正の入り込む余地がないので、「通貨」として使用できるだけの信用性があるわけです。それによって、ふつうの通貨は中央銀行のような機関が管理しますが、ブロックチェーンを用いたビットコインは、データ管理等を行う機関がなくても信頼を確保できます。そのため、各国の中央銀行の管理下にあるふつうの通貨と違い、仮想通貨は国家権力にしばられることがありません。

これまで、通貨を発行できるのは基本的に国家だけでした。ところがビットコインの登場によって、その通貨発行権が自由化されてしまったわけです。しかも仮想通貨は世界共通の価値を持っているので、国境と無関係に取引ができます。そういう「自由な通貨」をつくり出した点でも、ビットコインという仮想通貨は画期的な発明として高く評価されました。

しかし、発明そのものに社会的な意義があるからといって、その使い方が健全なものになるとはかぎりません。銃や包丁などのことを考えればわかるように、どんなに便利な道具でも、使いようによっては凶器になり得ます。実際、ビットコインは一気に投機の対象としての存在感を高めていきました。

仮想通貨の新参者は「カモ」

では、仮想通貨への投資は何が危ういのでしょうか。

まず、仮想通貨は値動きが激しいことが挙げられます。要はリスクが高いということです。

また、仮想通貨の取引も原理的には「ゼロサム・ゲーム」です。必ず誰かが負ける点で、デイトレードやFXと同じです。ただし、いまの仮想通貨市場には、その2つとは違う側面もあります。それは、市場が成長途中であるということです。

株式のデイトレードやFXは市場が十分に大きくなっているので、常に利益の奪い合いが展開されます。しかし仮想通貨の取引はまだ始まったばかりなので、市場がそれほど大きくなっていません。これから参入者が増えて全体のパイが拡大していく局面では、プレーヤーの損得の合計がゼロではなくプラスになる「プラスサム・ゲーム」になる可能性もないわけではないでしょう。1円で買った人が10円で売り、10円で買った人が100円で売り、100円で買った人が1万円で売った時点ではまだ誰も損をしていません。見かけ上は「プラスサム」といえなくもないでしょう。

でも、それが初心者にとっては大きな落とし穴になるかもしれません。新たに参入するプレーヤーが増えれば増えるほど、古参プレーヤーが儲けやすくなるからです。

実際、以前からビットコイン取引をやっている人は、しばしば知り合いにも「やったほうがいいよ」とすすめます。自分が得をしたから「やらないと損だよ」と、親切心からすすめる人もいるでしょう。

でもその背景には、「もっと参加者が増えないと自分の取り分もこれ以上は増えない」という事情もあります。少ない人数で取引をくり返しているだけでは、全体のパイが増えません。新たなプレーヤーにどんどんお金を供給してもらって市場そのものが拡大しないと、奪い合いによる儲けが限界に達してしまうのです。

しかもデイトレードやFXと同じく、この世界も知識や経験がものをいいますから、新規参加のプレーヤーは基本的に不利。全体のパイを増やしてくれる上に、プレーヤーとしては弱いのですから、古参プレーヤーにとって新参者はカモがネギをしょってやってくるようなものでしょう。

仮想通貨市場は今後も拡大することが予想されますが、どこまで拡大するのか、どこかで縮小に転じるのか、誰にも確実なことはわかりません。たとえば、中国では仮想通貨取引を禁止しています。どこかで拡大がストップしたとき、そこで参入してきたプレーヤーは簡単には儲けられなくなります。先ほどの例で1万円で買った人は、市場の右肩上がりの成長が終わったあとは、1万円より価格が上がったところで素早く売り抜けないといけません。市場が縮小に転じたら、儲けを出すのはさらに困難になります。すでに仮想通貨取引をしている人としては、なんとしても市場の縮小を防がなければなりません。そのような人に「やらないと損だよ」と誘われても、その言葉を鵜呑みにしてはいけません。

電子クズになった「GACKTコイン」

最初に誕生したビットコインは、市場がどんどん拡大し、値段も上がりました。私がビットコインを知ったときの価格は1BTC＝10万円程度でしたが、この原稿を書いている2024年5月現在、1BTC＝1000万円前後で推移しています。初期に購入した人は、大儲けをしているわけです（私は10万円のとき試しに買ってみようかと思いましたが、上司に「問題になるかもしれないからやめておけ」といわれ諦めました）。

しかしここまで価格が上がると、ここから先は一攫千金のチャンスはあまりなさそうで、

「もっと早く始めておけばよかった」と思う人も多いでしょう。

そこで魅力的に見えてくるのが、新たに開発された仮想通貨です。すでに1万種類ほどあるといわれている仮想通貨は、いまも次々と新たに開発されています。ビットコインなど、価値が何百倍にもなった仮想通貨の前例があるので、興味を持つ人も多いだろうと思います。

いまは「草《くさ》コイン」とも揶揄されるマイナーな仮想通貨が山ほど存在します。そういう仮想通貨の中には、有名人を広告塔にして信用させるものもあるので、これには本当に気をつけなければいけません。たとえば2018年にはタレントのGACKT《ガクト》氏が参画した「スピンドル」という仮想通貨が220億円ものお金を集めました。

「GACKTコイン」とも呼ばれて話題になったスピンドルは、当時、比較的仮想通貨への警戒感が高かった日本の仮想通貨取引所では上場できませんでしたが、2018年に5つの海外の仮想通貨取引所で上場したあとに大暴落しました。当初は1スピンドルが2〜3円前後であったのが、2024年には1スピンドル＝0・003円前後まで値下がりしています。何ケタ下がったかを数えるのも面倒なレベル。実質的に無価値な「電子クズ」になったといっていいでしょう。

仮想通貨を発行するときは「ホワイトペーパー」という「この仮想通貨を発行してなにがしたいのか」を説明する文書が発行されます。私は当時スピンドルのホワイトペーパーを全部読みましたが、よくいえば詩的な、悪くいえば空虚で無意味にも思える単語の羅列《られつ》で、なにをいわんとしているのか理解できませんでした。関係があるとは思えない数式が唐突に出てきたりなど、なんとも不思議な気持ちになるものでした。単に私の理解が及ばなかっただけかもしれませんが、結果的にはスピンドルはほとんどなにも生み出さなかったといってよいでしょう。集めた220億円もの資金が何に使われたのか気になるところです。

ほかにも問題になった仮想通貨としては、伝説的な空手家の大山倍達《おおやまますたつ》の孫が「マスコイン」という仮想通貨を「上場する予定」といって出資させて、結局それが虚偽であったとして裁判沙汰になったりしています。まだ確定はしていないようですが、東京地裁では大山倍達の孫の側に損害賠償責任を認める判決が出ています。

仮想通貨はなんらかの世界観を持って発行されます。仮想通貨の老舗《しにせ》のビットコインやイーサリアムなどは、その世界観をどう評価すべきかはともかく、真剣にそれを実現しようと思っているのは事実でしょう。個人的には政府の統制を受けない通貨というものにあまり魅力を感じませんが、その思想に共鳴して仮想通貨を保有するのは決して悪いことではないと思います。

一方で、少なくとも本書を手に取ったような「投資初心者」のみなさんは、仮想通貨を投資対象と考えることは、やめてください。仮想通貨投資はマーケットの性質としても、詐欺のリスクがあることからしても、まごうかたなき「鉄火場」といえます。TV番組「芸能人格付けチェック」で〝超一流芸能人〟とも評されるGACKT氏ですらまったく目利きができないのが仮想通貨の世界です。TVに〝映す価値なし〟の、一般人で素人にすぎないみなさんは、少なくとも仮想通貨を投資対象と捉えるのはやめておくのが無難です。仮想通貨（暗号資産）は、「貯蓄から投資へ」というスローガンにおける「投資」の対象ではないと思ってまったく問題ありません。

第7章　何に、いつから、どれだけ投資するか

「投資はインデックス投資信託以外やらない」と決める

ここまで、銀行預金のようにリスクの低いものから、デイトレードやFXのようにギャンブル性の高いものまで、さまざまな金融商品・サービスを紹介してきました。そこで最後となる本章では、「何に」「いつから」「どれだけ」の投資をすればよいかを具体的に考えてみましょう。

ただし「何に」については、すでに結論が出ています。「貯蓄から投資へ」と聞いたら、その「投資」とはただひとつ、インデックス投資信託への投資を意味するものと思いましょう。ほかの投資先のことを考える必要はありません。

いままで貯蓄しかしてこなかった人の中には、「投資はギャンブルと同じだから絶対にやらない」と決めていた人もいるかと思います。その考え方の前段は、必ずしも間違っていません。たしかに、多少なりとも損をするリスクがある点で、投資はギャンブルと完全に区別することはできません。そのため、ギャンブルを否定すれば、必然的に投資も否定することになります。

しかし、だからといって「絶対に投資をやらない」と決めるのが賢いお金の使い方だとも減りします。銀行預金は、長い目で見ると、かなり高い確率でインフレの影響を受けて目減りします。大切なお金の価値をみすみす減らすのが「賢い選択」だと思う人は、まずいないでしょう。

お金の目減りを防ぐためには、リスクを抑えながら、投資をするしかありません。そう考えるなら、すべての投資を同じように「ギャンブル」として毛嫌いするのではなく、少しでもマシなものはないかと考えることが重要です。

なにしろ、微々たる利子しかつかず、そのためにインフレで目減りする銀行預金でさえ、失われるリスクはゼロではありません。そこで「銀行は潰れるリスクがあるから」と現金を手元に置いておけば、盗難や火災で失うおそれが生じるのですから、どうであれリスクを完全に避けることはできません。

ですから、お金に関するリスクは「あるか、ないか」の二択で考えてはいけません。「どのようなリスクの取り方が効率的なのか」という程度問題として考えるべきです。銀行預金のリスクは極めて低いですが、リターンはそれに輪をかけて低いので、それだけにするというのは効率のよいリスクの取り方とはいえないわけです。

そして、もっとも効率よくリスクを取れる金融商品が、全世界株式のインデックス投資信託にほかなりません。長い目で見て、人間社会の経済は右肩上がりで成長してきました。今後も、この傾向が続くことはまず間違いありません。その成長に合わせて値上がりする全世界株式のインデックス投資信託は、長期的な投資に最適です。

しかも、多くの人々が貯蓄の一部をインデックス投資信託に回せば、お金という「血液」が社会全体によく流れるようになり、ますます経済成長が促されます。それが投資家にも利益をもたらすのですから、まさに好循環。「投資はギャンブルだからやらない」ではなく、これからは「投資はインデックス投資信託以外やらない」と心に決めるのが、効率よくリスクを取りながらお金を上手に使う方法だと思います。

そして、「投資はインデックス投資信託以外やらない」と心に決めておくことは、詐欺や悪徳商法に引っかからないためにも非常に役に立ちます。インデックス投資信託は国の審査をパスした業者しかつくれないため、詐欺にあうリスクはほとんどないといってよいです。なにかうまい儲け話を持ちかけられたり、インターネットやＳＮＳで「これからは○○で資産運用すべし！」のような広告を見かけたりしても、「インデックス投資信託以外やらない！」と思っていれば詐欺や粗悪《そあく》な商品に引っかからずに済むでしょう。

私のＳＮＳには、普段からそういう類のものばかり見ているせいか、投資商品の広告が大量に流れてきますが、最近「NISAだけじゃダメ！」「インデックス投資信託だけじゃダメ！」というようなあおり文句の広告が明らかに増えています。ひどいものになると、「NISAのセミナーで人を集めて（NISAの対象でない）金融商品を売れ！」といっているものまであります。私としてはそれは「断末魔《だんまつま》の叫び」に見えます。要は、NISAとインデックス投資信託があまりに優れているため、劣悪な投資商品が相手にされなくなっているのでしょう。それで、ネガティブキャンペーンを張って、NISAとインデックス投資信託から少しでも客を奪おうとしているのだと思います。

そのような投資商品も、投資を趣味とする愛好家に売れるのであれば、それはそれでよいでしょう。しかし、愛好家にすら売れないなら、単に市場から退場してもらえばよいだけです。投資にあまり興味のないみなさんは、そのような断末魔の叫びに耳を貸す必要は一切ありません。

念仏のように「インデックス投資信託以外やらない」と唱えよ

平安時代末期から鎌倉時代中期にかけて、法然《ほうねん》と親鸞《しんらん》という仏僧がいました。この2人は「南無阿弥陀仏《なむあみだぶつ》」と念仏を唱えていれば誰でも極楽往生《ごくらくおうじょう》できるということを説いて「浄《じょう》という宗派です。浄土宗《どしゅう》」「浄土真宗《じょうどしんしゅう》」という現代まで続く宗派を創設しました。これらは「大乗仏教《だいじょうぶっきょう》」といういうカテゴリーになりますが、この「大乗」とは「大きな乗り物」のことで、厳しい修行などしなくても念仏さえ唱えればその大きな乗り物で誰でも極楽に連れて行ってもらえるという宗派ですが、…

この考え方はインデックス投資信託に似ていると思います。大乗仏教における重要な考え方は「自力で極楽に行こうなどと思うのは傲慢である」ということですが、投資も同じで、「自力で儲けようなどと思うのは傲慢である」といえます。仏教にも厳しい修行の末に悟りを開くことを目的とする宗派はありますし、投資で食っていこうという人なら厳しい修業も必要でしょうが、我々が毎日自分の仕事をしながら片手間の資産運用でその域に達しようというのは、まさに「傲慢」以外の何物でもありません。

第4章で見たように、そもそも「厳しい修業」をしたはずのアクティブ投資信託のファンドマネージャーでも、インデックスに勝てない人のほうが多いのです。投資の神様であるバフェットも、一般人はインデックス投資信託にしておけといっています。投資の凡人である我々は「インデックス投資信託」という巨大な乗り物に乗って極楽を目指したほうが、はるかに効率がいいに決まっています。「自力ではインデックスに勝てない」ということを理解し、インデックス投資信託という「他力《たりき》」に頼りましょう。現代版の「他力本願《ほんがん》」です（「他力本願」は悪い意味で使われることが多いのですが、本来は自分の力の弱さを知り、（阿弥陀仏の）大いなる力を信じるというポジティブな意味合いの言葉です）。

ネット上にあふれる「投資で儲けよう」「私ならインデックスに勝てるから投資してくれ」というような誘惑には、「インデックス投資信託以外やらない」という念仏で対抗しましょう。耳なし芳一のようにお経を書き忘れると、みなさんの資産を引きちぎられてしまいます。決してスキを見せてはいけません。

十分な貯蓄のある人はいますぐにでも始めるべし

では、そのインデックス投資信託に、いつから、どれくらい投資をすべきなのか。

当たり前ですが、これは人によって違います。年齢、収入、家族構成など、それぞれの条件によって投資の目的も違いますから、始めるタイミングや使う金額に共通の正解はありません。

ただ、どんな人であれ、「貯蓄がなければ投資はできない」のは同じです。無い袖は振れません。

もちろん、いくらリスクの低いインデックス投資信託とはいえ、貯蓄のない人が借金をしてまで手を出すのは絶対にダメです。そもそもインデックス投資信託の利回りは、どんなに運用がうまくいっても、消費者金融の貸付金利を上回るのは難しいでしょう。投資で増える分より支払う利子のほうが多いのでは、まったく意味がありません。

ともかく、投資はまず貯蓄から始まります。何度もくり返しますが、「貯蓄から投資へ」は「貯蓄をやめて投資をしよう」という意味ではありません。あくまでも「貯蓄のある人はその一部を投資へ」がその真意です。

そういう意味では、いまの時点でそれなりに貯蓄のある人は、すぐにでもその一部をインデックス投資信託に投資してもらってかまいません。これからはインフレが定着すると予想されますから、投資のスタートが早ければ早いほど、それによるお金の目減りを防ぐことができるでしょう。

ちなみに、投資信託で運用している資金は、いつでもその一部を引き出すことができます。預金とは違うので正確には「引き出す」ではなく「売却する」わけですが、投資信託そのものは解約せずに一部を現金化できるのですから、使い勝手は銀行預金とそこまで大きくは変わりません（現金化まで数日かかることもあるので、そこは少し違います）。実際、私も起業する際にそれまで保有していた投資信託を全部売却して会社の資本金に充てました。

ですから投資信託は、銀行預金と同様、「いざというときのための備え」にもなります。急にまとまったお金が必要になっても、心配はありません。投資信託は複利で増えていくので、途中で一部を売却するとその効果が薄れてしまうことにはなりますが、それでも銀行に預けておくより何倍も高い利回りが期待できます。

20代は楽しみを我慢してまで投資する必要はない

一方、とくに社会に出たばかりの20代は給料も安く、モノも入り用になるので、投資に回せるほどの貯蓄をするのは難しい人も多いでしょう。ちなみに、私も20代の頃はほとんど貯金がありませんでした。試しに、と株を買って損をしたり、バイクのローンや日々の飲み代などで「宵越《よいご》しの銭《ぜに》は持たねえ」とばかりに散財《さんざい》していました。まともに貯蓄をするようになったきっかけが当初のNISAでした（なので、ほとんど貯蓄のない状態で投資信託を買ったわけです。さすがにこのスタイルはおすすめしません）。

いずれにしろ、こと投資に関しては、20代なら「貯蓄がないから投資ができない。どうしよう」などと焦る必要はないと私は思います。日本企業の賃金体系は、いまだに終身雇用を前提としているせいか、年功序列になっているところが大半です。若いうちは安くコキ使われ、その分、年を取ったら（たいして働かなくても）高い給料をもらえる仕組みです。

もはや転職が当たり前の時代には合わないので、これはこれで考え直すべきではあります。売り手市場になりつつあるため、最近は新入社員の給与を引き上げる動きも活発になっていますが、それでも若いうちは、まだまだ給料が低いので、それほど貯蓄できないのは当たり前です。親元で暮らすなら別ですが、独身でひとり暮らしなら家賃や光熱費などの負担も大きく、そうは貯金に回せません。それに、20代は遊びたい盛りでもあります。

日本人は勤倹を重んじる傾向があるので、遊びで散財するのは無駄遣いだと感じる人も多いと思います。だからこそ貯蓄率が高いわけですが、何を無駄と考えるかはそれぞれの人生観次第です。

読書や映画鑑賞などの趣味、車やゴルフや旅行、食事やお酒、あるいは人づきあいにお金を使うことを、それこそ自分自身への「投資」と見る考え方もあります。無駄遣いへの言い訳に聞こえるかもしれませんが、自分で稼いだお金を好きなことに使うのは別に悪いことではありません。

それに、経済の活性化という観点では、消費は投資や貯蓄よりも社会の役に立つものです。消費を控えて投資や貯蓄に回してもらうというのは経済の活性化の観点からは本末転倒です。その意味でも、20代のうちは、投資のことなどあまり考える必要はないでしょう。投資をしようとして消費者金融からお金を借りたり、一発逆転のギャンブル的な投機に走ったりすることにもなりかねません。そうなると、うっかり詐欺に引っかかる危険性も高まります。

もちろん、堅実に20代のうちから貯蓄をつくることを否定するつもりはありません。とはいえ、投資の元手をつくるために、楽しみを犠牲にしてまで貯蓄に励む必要はないのではないでしょうか。

いちばんお金が貯まるのは子のいない夫婦共稼ぎ

しかし30代になると給料も増えるので、貯蓄に回す余裕も出てくるでしょう。20代でも、結婚して2人とも仕事をしていれば、世帯収入はおよそ2倍になりますが、生活費は2倍にはならないので、貯蓄がしやすくなります。

図11　世帯人数と消費支出（月額）の増加率

世帯人数	1人	2人	3人	4人	5人
消費支出（円）	161,753	255,318	304,339	330,355	357,187
1世帯からの増加率	—	1.58倍	1.88倍	2.04倍	2.21倍

出典：家計調査（家計収支編）令和4年（2022年）世帯人員・世帯主の年齢階級別
1世帯当たり1か月間の収入と支出（総世帯）

家族の生活費については、総務省が面白いデータを出しています（図11参照）。単身者の生活費を1とすると、2人暮らしの生活費は2ではなく、おおむね2の平方根（ルート2、$\sqrt{2}$）ぐらいになります。

ルート2は「ヒトヨヒトヨニ…」ですから、約1・41 42。1人あたりの負担は約0・7になるので、ひとり暮らしより経済的にはずいぶん楽になります。独身時代と比べて収入の3割が浮くことになるわけですから、貯蓄に回せる額も増やせるでしょう。

ちなみに家族が何人でも、偶然なのか必然なのかはよくわかりませんが、生活費はおおむね「人数の平方根倍」になるようです。すると、家族が3人なら約1・7倍、4人なら2倍、5人なら2・2倍。もちろん実際のデータとは少し差がありますが、けっこうフィットしています。単純計算では、2馬力《ばりき》で稼いでいても、こどもが3人できると、独身時代よりも経済的に厳しくなる計算です（もちろん昇給や男女差もあるでしょうから一概にはいえませんが）。

おそらく、こどもが2人になると実感としてもそれがわかるから、3人目をつくらない選択をする夫婦が多いのでしょう。こどもが3人までは実質的な生活コストが独身よりも下がるようになると、もう少し少子化もマシになるのかなと思ったりもします。

話が脱線しましたが、夫婦共稼ぎで、こどもがいない状態――いわゆる「DINKs《ディンクス》(Double Income No Kids)」――が、もっとも貯蓄をしやすいことは間違いありません。

高度経済成長期の日本なら、妻が専業主婦で夫がひとりで稼いでいても、給料がどんどん上がったので、約1・4倍になる生活費をまかなえましたし、それに加えて貯蓄もできました。しかし、いまの若い人たちはそうはいきません。ひとりの給料で2人の生活を支えるだけでも大変でしょう。貯蓄や投資に回す余裕はありません。

先に説明したように、我々の体には金融資産1億円以上の価値がありますから、夫婦の一方が仕事を辞めて家庭に入るのは、1億円の金融資産を捨ててしまうのと同じようなものです。労働はもっとも効率のよい投資なので、それを失うのはそれぐらいダメージが大きいのです。

逆にいえば、子育ての都合で夫婦の一方が働けなくなるのは家計から1億円を捨てさせるのと同じ、ともいえます。少子化を食い止めるためには、ひと組の夫婦が3人のこどもをつくる必要があります。3人のこどもがいても無理なく夫婦で働くことのできる社会的サポートが必要です。

預金残高の「万年雪」を投資に回す

2馬力で働いて、30代になり給料も上がってくると、とくに「貯金しよう」と意識していなくても自然にお金が残るような状態になってくる家庭も多いと思います。

月々の出費は一定ではないので、月末に銀行の預金残高を見ると、出費の多かった月ほど減っているでしょう。でも生活費の面で余裕のある暮らしをしていると、「出費の多いときでも残高はこれ以下にはならないな」というラインが見えてきます。夏でも解けない「万年雪」のような貯蓄です。

試しに、自分の預金通帳を過去1年間ぐらい振り返ってみてください。給料日前に残高がいつもかぎりなく0円に近づいているようだと、当然ながら投資に回す余裕はありません。でも、どんなに残高が減っても「万年雪」のように残っている部分があるなら、そこから投資に回すことが可能になります。

家庭によって、「これ以下にはならない万年雪」は50万円だったり100万円だったりするでしょう。それをそのまま銀行預金として放置しておくのは、金利の低さを考えると、じつにもったいないことです。その状態を長く続けるほど、「万年雪」の価値はどんどん目減りします。

ならば、多少は預貯金に余裕を持たせた上で、あとはインデックス投資信託に回すのがよいのではないかと思います。たとえば100万円の「万年雪」ができたら、半分の50万円ぐらいは投資してみようか、といった感覚です。

ライフプランをシミュレートする

もっとも、貯蓄から投資へ回す金額は、それぞれのライフプランによります。その意味でも、20代でまだ結婚もしていないような段階では、投資のことを具体的に考える必要はないでしょう。いつ結婚して、こどもが何人になるかもわからないのでは、ライフプランを想像することもできません。やはり、将来どれくらいの資金が必要になるかを知ることが、投資を始める上では大切です。

結婚して「万年雪」のような銀行預金ができる頃には、ボンヤリと家族の将来を思い描くことができるでしょう。まだこどもはいなくても、「3人くらい欲しいよね」といった話にはなるものです。持ち家のための住宅ローンを組むかどうかも、検討課題として浮上するかもしれません。そうやって自分たちのライフプランの輪郭《りんかく》が見えるようになると、投資の中身を具体的に考えることができます。

その大まかなイメージは、たとえば金融庁のサイトにある「ライフプランシミュレーター」(https://www.fsa.go.jp/policy/nisa2/lifeplan-simulator/)でつかむことができます。試しに、次のような条件を入力してみましょう。教育費の備えがないとどうなるかをお見せしたいので、あえてスタート時は「貯蓄ゼロ」の設定にしました。

・20代男性（会社員、退職金あり）
・配偶者（会社員、退職金あり）
・世帯年収（800万円）
・こども　3人
・生活費　月35万円

図12 ライフシミュレーションの一例

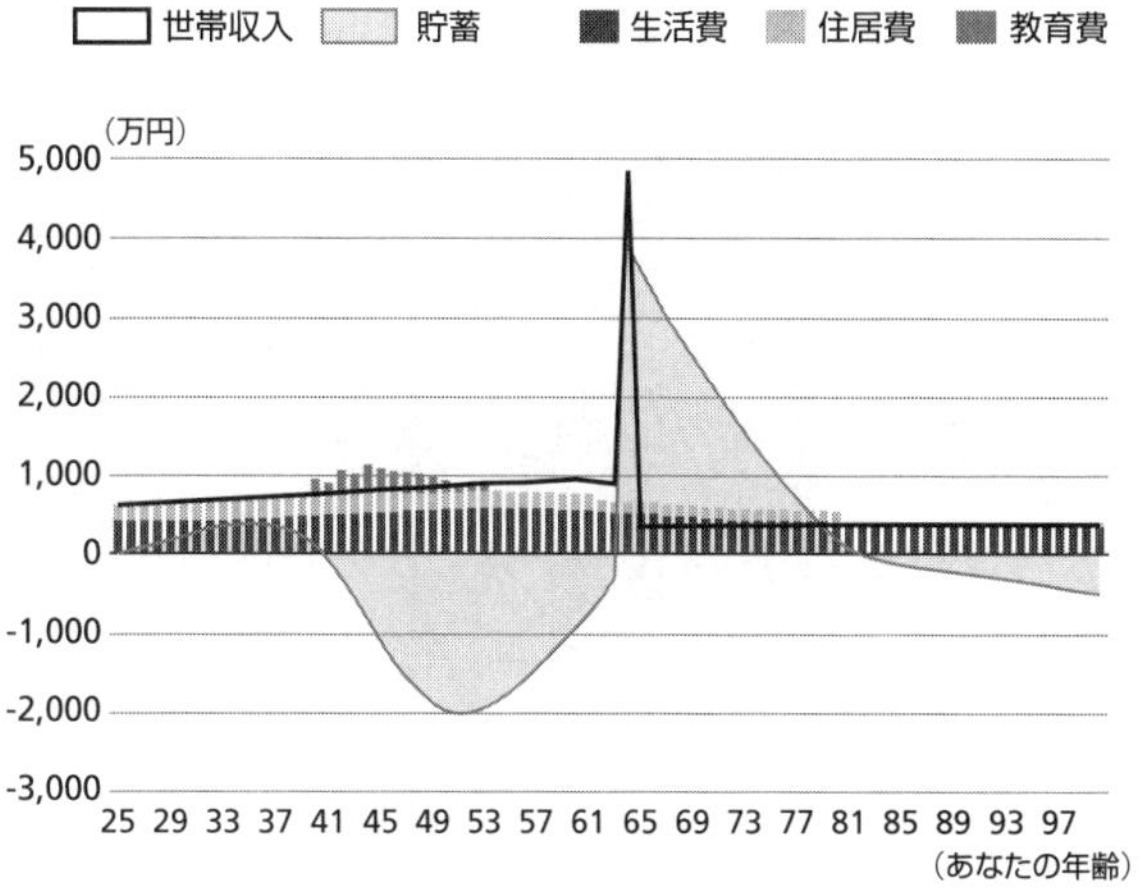

設定条件

25歳|会社員・公務員(契約社員含む)|年収400万円|年収の変化:低い山の図|退職金:2000万円|働く期間:23歳〜64歳|その他収入の有無:なし|現在の資産額:0万円|利回り:0%|配偶者の有無:あり|25歳|職業:会社員・公務員(契約社員含む)|年収400万円|年収の変化:低い山の図|退職金:2000万円|働く期間:〜64歳|こどもの有無:なし|こどもを持つ予定:3人|【第1子】2年後、幼稚園:公立、小学校:公立、中学校:私立、高校:私立、大学:公立|【第2子】4年後、幼稚園:公立、小学校:公立、中学校:私立、高校:私立、大学:公立|【第3子】6年後、幼稚園:公立、小学校:公立、中学校:私立、高校:私立、大学:公立|住まいの費用:200万円|そのうち住宅ローン金額:180万円|ローン完済年齢:60歳|生活費:35万円|住宅の購入予定:あり/欲しい(61歳のとき)|購入価格:2100万円|現金で支払う金額100万円|住宅ローン返済年数:20年|住宅ローン金利:1%|その他支出の有無:なし|インフレ率:0%

・住宅費　月15万円
・貯蓄0円からスタート

この条件で出てきたシミュレーション結果は、図12のとおりです。

スタート後は少しずつ貯蓄をしていますが、40代前半で支出が収入を上回り、貯蓄残高がマイナスになっています。まずはこの時期のマイナスをいかに埋めるかが、投資を始めるときのいちばんの課題になるでしょう。

ちなみに、夫婦とも退職金が出るおかげで、60代半ばからは貯蓄が大きく増えています。年金だけでは足りないので、仕事による収入がなくなれば、その貯蓄を取り崩しながら老後を過ごすしかありません。

しかし80代後半まで長生きすると、それも底を突きます。これも、何らかの手段で埋めなければいけないでしょう。こどもの教育費から自分たちの老後資金まで、長い目で人生を見渡して投資の中身を考える必要があるのです。

もちろん、ここでお見せした例はきわめて単純でアバウトなシミュレーション結果にすぎません。でも、自分の条件を入力してみれば、漠然《ばくぜん》としたライフプランはつかめると思います。

みなさんは、「投資をしよう」と思ったとき「なにに投資すればいいか」ばかりが気になると思いますが、これまで説明したとおり、それは「(全世界株式を基本とした)インデックス投資信託」一択なので、じつはあまり考える必要はないのです。むしろ難しいのは「いくら投資すればいいか」なのです。これは各家庭ごとにいろいろな正解があるので、一概にはいえません。

正直なところ私自身も、金額についてはかなり適当に投資に回しています。本当にこの額が適切なのかどうかあまり自信がないまま、「まあ失敗しても一家離散するようなことにはならないだろう」くらいの感覚で資産運用をしています。

するとどうしても心理的に、本来投資できる上限の金額よりも少なめの金額しか投資には回らないことになるので、国全体の投資の総量も本来のポテンシャルよりもだいぶ少なくなるでしょう。「いくら投資すればいいか」の問題を解決することは、「貯蓄から投資へ」の完全解決のためにはとても重要です。

なので、本当にしっかりとした資金計画を立てたいなら、その道の専門家であるファイナンシャル・プランナー(FP)に相談してみるのもいいでしょう。ライフプランシミュレーションはFPの基本的なサービスなので、自分でアバウトなシミュレーションをするよりは精度の高い結論が得られると思います。

ただし、FPの中には粗悪な金融商品や保険を売ることで利益を上げている人も少なからずいるので、注意が必要です。とくに「FP相談無料」をうたっているところはそのリスクが高まります。有料のFPへの相談は1万〜2万円ほどかかることが多いと思いますが、相談だけで安くはないお金を払うことに抵抗のある人もいるかもしれません。

しかし「タダより高いものはない」というのも大事な考え方です。無料のFP相談を利用して、気づいたらいらない金融商品の契約をさせられていたというのでは本末転倒です。

少し脱線しますが、私としては、この「いくら投資すればいいかわからない」という問題を解決することが、「貯蓄から投資へ」を解決するためのもっとも重要なハードルだと思っています。「いくら投資すべきか」は給料をもらって貯金が増えたり、車を買って貯金が減ったり、転職したり、こどもが生まれたりといったさまざまな出来事を受けて、家計全体の貯蓄が変動するたびにめぐるましく変化します。「なにに投資すべきか」が「インデックス投資信託」であることが生涯変わらないのと対照的です。「いくら投資すればいいかわからない」という「貯蓄から投資へ」を解決するためのもっとも重要なハードルをクリアするためには、家計のメインの貯蓄口座と投資をシームレスにつなげることが必要だと思っています。

現状でこれに近いものとしては、「(ファンド) ラップ口座」という、証券会社が顧客の資産を運用してくれるサービスがあります。これとメインの貯蓄銀行口座をシームレスにつなげると、「いくら投資すればいいかわからない」という問題の解決につながると思っているので、そういうサービスが出てきてほしいものです。

給料が銀行口座に振り込まれたら自動で貯蓄用の銀行口座と投資用のインデックス投資信託に振り分けられ、予想外の支出で貯蓄が減ったら自動的に投資信託を売り、貯蓄と投資の比率が常に一定にキープされているようなイメージです。ファンドラップはここまではやってくれませんが、預けたお金を自動的に運用してくれるので、見直しをする手間がかかりません。

「手数料が高いからファンドラップはダメ」という人もいますが、損をするならともかく、利益が出るのであれば多少手数料が高くてもよいでしょう。世の中には「自分で肉を買ってきて焼けば、店でステーキを食べるよりも安く食べられるから、外食する人は愚かだ」と、冗談ではなくマジメにいっている人もいますが、ファンドラップ批判も同じです。状況に応じて自動的に投資内容を修正して見直してくれるサービスに価値を感じるのであれば、適正な手数料は支払うべきでしょう。

私も最近ファンドラップ口座を使い始めましたが、手数料は運用資産の1％未満ですので、インデックス投資信託並みの8％ほどの利回りが出るのであれば十分納得できる水準だと思っています。

第3章の決済サービスの項で少しお話ししましたが、この、日本人特有（？）の「手数料嫌い」は巡り巡って自分の首を絞めているように思います。「情けは人のためならず」の逆バージョンです。アメリカではCFP（高度な知識と経験を持つファイナンシャル・プランナー）に1％程度の手数料を支払って運用を任せるサービスが発達しており、アメリカの旺盛な投資意欲の原動力になっています。

本当に存在するのかどうかもよくわからないアクティブ投資信託の「目利き力《りょく》」に手数料を支払うのはさすがにばかばかしいですが、自分の資産を自動で運用してくれる優れたサービスがあれば、必要な手数料を支払うのは大歓迎です。

インデックス投資信託は手軽にネット証券で

貯蓄から投資に回す金額を決めたら、いよいよインデックス投資信託を探して買うことになります。私がおすすめするのは、あくまでもＮＩＳＡの「つみたて投資枠」ですが、前にもお話ししたとおり、それが使えるインデックス投資信託だけでもたくさんの種類があるので、選ぶのは難しいと感じるかもしれません。

でも、本書で身につけたリテラシーがあれば、それほど迷うことはないでしょう。「とりあえず全世界株式」が基本で、ほかに日本や特定の国の割合を増やすか、債券や不動産を入れるかどうかなど、そのあたりは個人の好みの問題です。ちょっとは投資っぽいことをしたいのであれば考えてみてもいいですが、そうでなければ全部、全世界株式でかまいません。

なお、最近はＳ＆Ｐ５００というアメリカの優良企業の株式に投資するインデックス投資信託が人気です。もちろん、アメリカは世界一の経済大国ですから、それに投資するのは悪いことではありません。いわゆるＧＡＦＡＭ《ガーファム》（グーグル、アマゾン、フェイスブック、アップル、マイクロソフト）に加え、最近ではイーロン・マスクのテスラやＡＩ関連企業など、次から次へと有力な起業家によるビジネスが現れてきて、今後もアメリカの勢いが続く可能性は極めて高いでしょう。

しかし、分散投資の原則に立ち戻れば、アメリカ一国に集中投資をするというのはちょっと問題があります。いくらアメリカが盤石《ばんじゃく》そうに見えても、世界情勢の一寸先は闇です。中国やインドものすごい勢いで成長していますし、ロシアの動向は世界経済に大きな影響を与えています。もし仮に第三次世界大戦が始まってしまえば、それが終結したあとにどの国が覇権《はけん》を握っているかなど、誰にも確実なことはいえません。

なので、私個人としてはやはり「全世界株式」がよいと思います。たとえアメリカの勢いが衰えても、世界全体で見ればまだまだ人類は成長していくと思われ、分散投資の原点に立ち戻って、多数の国に分散して投資する「全世界株式」をベースとするのがリーズナブルだと思います。

なお、私自身はすでに紹介したように、日本株（TOPIX）のインデックス投資信託に半分、全世界株式に半分の割合で投資していました。これは分散投資の観点からすると日本の割合が高すぎてあまり合理的でなかったのですが、日本にもう一度勢いを取り戻してほしいという気持ちがあるので、あえてそうしていました。要は、あまり突き詰めて考えなくてもよいので、「とりあえず全世界株式」に、なにかこだわりのある人はお好みのインデックスを加えておけば大ケガはしないだろうということです。

購入も、いまはネット上で簡単にできます。詳しい説明を受けたければ証券会社などの窓口に行ってもかまいませんが、そうすると「こちらのほうが高利回りですよ」などとアクティブ投資信託をすすめられて、面倒な思いをするかもしれません。本書で身につけた基本知識があれば、自分でネット証券を使うので十分です。

ちなみに、ネット証券の中には月々100円からNISAの「つみたて投資枠」でインデックス投資信託を買えるところもあります。途中から月々の積立額を変更することもできるので、最初から大きな投資をするのが不安な人は、様子見のつもりで少額から始めてもいいでしょう。しばらく続けて、その増え方や家計とのバランスなどがわかってきたら、徐々に積立額を増やしていけばいいのです。

先ほど、20代独身なら投資のことをあまり考えなくてもいいといいました。しかし、数百円〜数千円レベルの少額の積立てからインデックス投資信託を始めるのも悪くありません。浪費の歯止めになるでしょうし、早いうちから投資の感覚を養っておくと、本格的にライフプランを考える年齢になったときに役に立つと思います。

ひとつお断りしておくと、私が本書の構想を練っていたのは2023年の夏頃ですが、そのあと、いろいろ紆余曲折《うよきょくせつ》があり、2024年2月からマネックスグループで働くことになりました。

グループ企業のマネックス証券は、ネット証券の一角なので、まるで中立のような立場でネット証券をすすめることは「利益相反《りえきそうはん》（顧客〈ここでは本書の読者〉の利益のために行動しないといけないのに、実際は自分の利益のために行動していること）」ではないかと思う人がいるかもしれません。先ほど紹介したファンドラップ口座もマネックスのものの評判がいいようなので、結果的にステルスマーケティングのような効果を発揮したかもしれません。

私は会社に対する帰属意識があまり（まったく？）ないタイプの人間なので、少なくとも本書の中でマネックス証券を宣伝するつもりは全然ありませんが、一言断っておかないとアンフェアなので申し上げました。みなさんはぜひ「もしかしたら中立のフリをしてマネックスのサービスに誘導しようとしているのかもしれないぞ」と眉に唾をつけながら読み進めてください。

よく「物事に否定から入るのはよくない」といわれますが、それが通用するのは身近な人間関係くらいで、お金が絡む話は片っ端から疑ってかからないとコロッと騙されます。本書の内容もぜひ否定的批判的に読んでいただき、「けっこう疑って読んだけど、それほどおかしなことは書かれてないっぽいぞ」と感じてもらえればありがたいです。

日本経済にはまだ「のびしろ」がある

今年（2024年）2月22日に、東京株式市場では日経平均株価が3万9098円68銭まで上がり、バブル期の1989年12月29日につけられた史上最高値を更新しました。ニュースでも大きく取り上げられたので、覚えている人も多いでしょう。

日本経済が復活したかのような調子でそれを伝えるマスメディアがある一方で、バブル期の好景気を知っている世代などからはシラケた声も聞かれました。「株価はたしかに上がったかもしれないけれど、景気がよくなったという実感はない」というわけです。アベノミクス効果で株価が上がったときと同様、「それで得をするのは投資で儲けている一部の人たちだけだ」と感じている人も少なくありません。

また、「株価がバブル期の水準に戻っただけで、欧米諸国は何年も前にその何倍もの水準まで株価が上がっている」と冷静に指摘する専門家もいました。「当社比」で見れば上がっているけれど、世界全体から見れば日本の株価はまだまだ低いわけです。

しかしこの現状は、日本の株価には将来に向けたのびしろが大いにあることを示しているともいえるでしょう。

新NISAの運用が始まり、その利用者はどんどん増えていますが、日本人の貯蓄率を大きく下げるまでにはいたっていません。それにもかかわらず、とりあえずバブル期のレベルまでは株価が上がりました。

しかもそれは、決してピークを迎えたわけではありません。バブル期の日本は世界トップクラスでしたが、いまは欧米諸国の後塵《こうじん》を拝しています。日本の株価が本格的に上がるのは、むしろこれからだと考えていいでしょう。

そして、その株価をさらに押し上げるために求められるのが、多くの国民による積極的な投資にほかなりません。「株価が上がって儲かるのは投資している人だけ」だと思うなら、日経平均株価を横目で見ながら溜め息をついていないで、自分も投資をすればよいのです。経済の基本的なメカニズムとして、投資が増えれば経済が成長し、経済が成長すれば社会全体の富が増える——という流れがあるのは間違いありません。それぞれの投資額は少なくても、投資する人が増えれば増えるほど、株価は上がるでしょう。その利益は投資家に返ってくるだけでなく、人々の暮らしを支える経済全体を成長させるのです。

「ショック」とのつきあい方

本書は2023年の夏頃から構想を練り始めて、2024年の夏頃に詰めの作業を行っているのですが、この1年の間の経済環境はまさに「激動」でした。

2024年3月19日に日銀が17年ぶりの利上げを実施したことなどの影響で、銀行の普通預金の金利が0・001%から0・1%へと、100倍になりました（金利が上がるたびに本文を修正していたので、全部直したとは思うのですが、もしかすると修正漏れがあるかもしれません。それも激動の経済の余波ということでご容赦いただけるとありがたいです）。

もうひとつの大きな変動といえば、やはり株価の急騰からの暴落でしょう。2024年2月22日、日経平均株価の終値《おわりね》は3万9098円68銭となり、史上最高値を更新します。バブル崩壊前の最高値を超えたということで、ひとつの時代の区切りともいえる出来事でした。その後、株価は順調に上がっていき、7月11日には4万2224円2銭と、快進撃を見せます。しかし、そこから株価は下落しはじめ、1カ月も経っていない8月5日には、3万1458円42銭と、株価にして1万円以上、割合にして25%もの大暴落をしてしまうこととなりました。

原因としてはさまざまなことがいわれています。一説にはトランプ前大統領が狙撃《そげき》されたことで、来《きた》る大統領選での勝利の可能性が高まり、すると米中関係が悪化するので世界的な経済の減速が起こると予想されたからだ、というようなこともいわれています。

なんだか風が吹けば桶屋《おけや》が儲かるというような話にも聞こえますが、この説が正しいかどうか、私にはよくわかりません（逆にいえば、暴落の理由などわからなくてもインデックス投資信託をやるだけなら支障はないということです）。まだ投資を始めていない人の中には、「やっぱり投資なんてしてなくてよかった。もしＮＩＳＡのブームに乗っていたら悲惨なことになっていた」といっている人もいます。

長期的に投資をしていく以上、こうした「ショック」のあおりを受けることは避けられません。ここ40年くらいで見ても、ブラックマンデー（１９８７年）、（平成）バブル崩壊（１９９０年頃）、ＩＴバブル崩壊（２０００年頃）、リーマンショック（２００８年）、コロナショック（２０２０年）など、国内外でさまざまな経済ショックが起こり、そのたびに株価は暴落しています。

しかしながら、海外に目を向けてみれば、たとえばＮＹダウは、このようなショックでダメージを受けながらも、１９８０年12月末の９６３・９９ドルから、２０２４年７月末の4万842・79ドルまで、およそ40倍もの成長をしてきています。そう、ショックはあくまでも一時的なものであり、長い目で見れば経済全体は成長していくのです。

さて、読者の中には当然、次のようなツッコミを入れている人もいるでしょう。「アメリカはそうかもしれないが、日本は（平成）バブル崩壊から30年以上も株価が元に戻らなかったじゃないか。だから投資なんてやるもんじゃない」と。その指摘には正直なところ一理あるのですが、このように考えてはどうでしょうか。

ちょっと寂しい話ではあるのですが、「30年以上も株価が回復しなかったのは単に日本の調子が悪かったからで、アメリカを含めた全世界株式に投資をしていたら日本の調子の悪さを十分カバーして、儲かっていたのではないか」と。要は、株（投資）が悪かったのではなく、日本経済が悪かっただけだったということです。

歴史を振り返れば、大航海時代には世界でもっとも力のある国であったポルトガルが今では経済的には大国とはいえなくなっていたり、有史以来東アジアの覇者《はしゃ》であった中華文明が産業革命に乗り遅れて日本の後塵《こうじん》を拝するようになったり（最近は国全体で見れば中国のほうが日本よりも経済的に大きな国ですが、1人あたりのGDPではまだまだ日本のほうが上です）と、ある国が世界的な経済成長に乗り遅れて国際的な存在感を失っていくことはよくあることで、日本もその事例のひとつだったということなのではないでしょうか。

そこから導き出される教訓としては、やはり「卵はひとつのカゴに盛るな」ということです。日本というカゴにだけ卵を盛った人はバブル崩壊で大きな損失を抱えてしまったでしょうが、世界各国のカゴに卵を分散させていた人は経済ショックを受けてもしっかり儲けているのです。そういう意味でも、投資をS&P500など今調子のいいアメリカに集中させている人が多い現状は、本当に大丈夫なのかと少し心配です。

もうひとつ、経済ショックのときに重要な格言があります。それは「布団かぶって寝てろ」というものです。要は「しばらく投資のことは忘れてしまえ」ということです。数字を追いかけていると気になって仕方がないので、世界全体としてはいずれまた株価は上がるだろうとのんびり構えてアプリを閉じるのがオススメです。

もちろん、個別株に投資している人や、アクティブ投資信託などで特定の分野に投資を集中させている人、生活に必要な資金まで投資につぎ込んでしまっている人、デイトレーダーなどは寝ているわけにはいかないでしょう。いつかは復活するであろう「経済全体」と、経済ショックに巻き込まれて会社が倒産してしまったら二度と復活しない「個別株」

は別物です。個別株は、「損切り万両（投資で損をしたら未練を残さずにさっさと売ってしまうほうがよい）」という言葉もあるように、早めに売ってしまうことが正解である場合もあるので、寝ていたら大変なことになります。経済ショック時に寝ていても許されるのは、「万年雪」のような余裕資金を全世界株式のインデックス投資信託に丸投げしている人だけの特権だということです。

労働以外の形でも経済に参加しよう

金融は、誰にとっても他人事ではありません。みんながその仕組みを上手に使い、賢くお金を増やそうとすることで、社会全体の富も増えていきます。その意味で、投資は誰もがやっている仕事と変わりません。

私たちはみんな、仕事をすることで自分の収入を増やします。その仕事の成果がよいものであれば（たとえばよく売れる商品を世の中に提供すれば）、結果として経済成長に貢献することになるでしょう。経済が成長すれば、労働者の賃金も上がります。

投資もそれと同じこと。社会の経済に参加し、「大人の責任」を果たす方法は労働だけではありません。投資もまた、社会の発展に貢献する「経済参加」です。

しかも投資は、自分が暮らす社会の経済状態を実感できるものでもあります。働いている人はみんな、それを通じて社会の経済に参加していますが、たとえ日経平均株価が上がっても、自分の勤める会社や業界が落ち目だと「景気がよくなった」とは思えません。それに対して、投資家は自分自身のビジネスが低調でも、経済全体が好調ならそのメリットを享受できます。

とくにインデックス投資信託を利用している人は、日本や世界の経済活動に参加しているという手応えを強く感じることができるでしょう。2024年7月13日のトランプ元大統領狙撃事件の影響で株価は大きく乱れました。その後の株価も肌で感じられ、なぜこのようなことになっているのか、考えるきっかけになるのではないでしょうか。これも、経済全体に投資することのメリットのひとつです。労働以外の形でも経済に参加すると、自分の世界が広がったように感じられるのではないでしょうか。

そうやってみんなが金融システムをうまく使い、少しずつリスクを分け合えば、より豊かな社会をつくることができる——そんな明るい未来のために、「貯蓄から投資へ」の第一歩を踏み出す日本人が増えることを願っています。

あとがき

「金融教育が重要だ」というフレーズが飛び交っています。もちろん、なんであろうと勉強すればなにかの役に立つのは事実でしょう。

でも、みなさんにはこれ以上「金融教育」に割く時間はありますか？　周りを見渡せば「英語の勉強をしろ」「プログラミングの勉強をしろ」「これからの社会人はAIが使いこなせないといけない」と、さまざまな業界がひたすら勉強のプレッシャーをかけてきます。

みなさんも本音では「ほかにやらなきゃいけないことがたくさんあるのに、そんなに勉強してるヒマなんてないよ」といいたいのではないでしょうか。私は正直もう勘弁《かんべん》してほしいと思っています。

英語やプログラミングやAIについては、私は専門家ではないのでよくわかりません。もしかしたら、本当に真剣に勉強しないと社会の変化についていけなくなるのかもしれないので批判する気はないですが、私の専門分野である金融に関しては、そんなに勉強しなくても大丈夫だよと伝えたくて書いたのが本書です。

結論をいうと、金融教育で学ぶべきことは「(全世界株式を基本とした) インデックス投資信託以外の投資は無視してよい」というワンフレーズだけです。投資に興味がないであろう世の中の大半の人にとって、金融教育はこれで終わりでよいと思います。逆に、これを覚えなければ、それ以外の金融教育をいくらやってもあまり意味がありません。「はじめに」でもお示ししたように、学校で金融教育をかじった程度では逆に金融トラブルに巻き込まれるリスクを高めかねないからです。

ですので、「金融詐欺に引っかかるな」ということも覚える必要があるのですが、これは「インデックス投資信託以外は無視」ということを実践できていれば自動的に達成できるので、やはりこのワンフレーズだけで足りています。これ以上はあくまでも趣味の世界であり、やりたい人だけ勉強すればよいことです。

雑誌やユーチューブ (YouTube) をはじめとするインターネットで投資の勉強をしようとするのもやめましょう。私が見たかぎりでは、玉石混淆《ぎょくせきこんこう》どころか石ばっかりです。投資ビギナーがそんなものを見ても「食い物」にされる可能性が高まるばかりです。「インデックス投資信託以外には投資すべきでない」ということを知っていれば、それらの情報にいかに価値がないかがわかるでしょう。あれらは競馬新聞と同じカテゴリーの情報です。熱狂的な投資ファンだけが見ればいいもので、効率よく資産運用がしたいだけのみなさんは一切見る必要はありません。

また、金融教育というと、つい「株式の仕組み」みたいなことを教えてしまいがちなのですが、これは車でいうなら「エンジンの仕組み」のような話で、自動車関連の仕事をしている人とカーマニア以外は知らなくてもいいことです。必要なのは運転の仕方であり、エンジンがどういう原理で動いているかなど、あまり重要ではないのです（ただし、自動車は運転者に整備義務があるので、そこまでいうといいすぎかもしれません）。交通安全教室で延々とエンジンの仕組みの話をしても意味がないということです。

とはいえ、このワンフレーズだけではさすがに本にならないので、ふつうの人が生きていく上で必ず利用することになる、銀行（預金）、保険、決済サービスについてはせっかくなのであわせて解説してみました。率直にいってしまうと、これらのサービスは適当に使ってもそんなに困ることはないので、わざわざ勉強するほどのものでもないのです。いままでだって、みんななんとなく知ってなんとなく使ってきて、そこまでの大ケガはしてこなかったものでもあります。

ただし、銀行、保険、決済サービスも仕組債・仕組預金や、変額保険・年金、リボ払いなど、リスキーなサービスを提供しているので、その見分けがつくようになっておくことは重要です。

ついでに、自分の専門分野である生命保険については、大変な問題を抱えている業界であることに少し触れておきました。

一方で、株式の仕組みや株式市場の性質など、一般的な「金融教育」では必ず触れているようなことは、あまり書きませんでした。忙しいみなさんに時間を割いてもらう価値のあるものではないと思ったからです。たとえば「ドルコスト平均法」なども、書けばいかにも金融教育っぽくなるのですが、あまりに無意味だと思ったので一言も触れませんでした。もちろん、知ることでより人生は豊かになりますから、興味のある人は自分で勉強するのもよいと思います。興味のない人は知らないまま一生を過ごしてもそんなに困らないでしょう。もっと興味のあることに時間を使ったほうがよいと思います。

もう一点、為替の話もほとんど書きませんでした。自分があまり詳しくないということもありますが、投資で生活している「プロ」の知人が、「為替は難しすぎてまったく先が読めないので手を出さないようにしている」といっていたので、私としては投資判断に組み込むことをあきらめています。無責任かもしれませんが、円安・円高に関しては「ケセラセラ（なるようになるさ）」の精神です。なので、為替ヘッジは一切していませんが、していいる人を否定する気もありません。

金融広報中央委員会のサイトである「知るぽると」には、金融教育の現場レポートが掲載されていますが、消費者教育やライフプラン設計、経済の仕組みのような有意義な内容が多く、いまのところは学校の先生方の努力で生徒の役に立つ教育が行われているように思います。教育の現場では「なにを教えたらいいのかわからない」というような悩みもあるとの声も聞こえてきますが、学校の先生方にはぜひ「金融トラブルに巻き込まれないためにも、インデックス投資信託以外の投資はすべきでない」ということも教えていただければと思います。

数年前、日曜の夜にぼんやりとニュース番組を見ていたら、金融教育の特集をしていました。そこでは、親が小学生くらいのこどもにFXのチャートの読み方などを教えており、学費をそれで稼ぐのだというような事例が紹介されていました。あまりにむちゃくちゃだったので、番組がそれを批判する流れなのかなと思っていたら、コメンテーターも「これからの時代こういうことも必要なんですね！」くらいの明るいノリで肯定的に紹介していて、背筋が寒くなりました。

本書をここまで読んでくださったみなさんはもうおわかりでしょうが、FXは競馬やパチンコの仲間であり、ふつうの人は一生関わらなくてよいものです。「そんなものやらなくてよい」と知ることこそが必要な金融教育なのです。

「こどもの学費のために競馬をやっている」という人がいたら、みなさんはどう思いますか？　ちなみに私自身は決してギャンブルは嫌いではありません。というか、イギリスのようにギャンブルを原則合法化すべきと思っている程度には好きです。

中毒性が高く悲惨な事件を何度も引き起こしているFXが合法で、某検事長もやっていたような仲間内の賭け麻雀が違法というのは明らかにバランスを欠いています（きっと検事長も「リーガルマインドに照らしてこれが違法なのはおかしい」という確信があったのでしょう）。

だからこそ、「貯蓄から投資へ」というまっとうなスローガンを悪用して、ふつうの人をギャンブルの世界に引き込むようなことは絶対にしてはいけないと思っています。「貯蓄から投資へ」というスローガンは、あくまでも社会全体、経済全体の発展のためのものであって、証券会社を儲けさせるためのスローガンではないのです。

残念ながら現在は、「投資の正解」であるインデックス投資信託だけを売っていると証券会社の経営は苦しくなるという構造があります。通常、赤字価格で販売するようなことが継続している状態は、市場をゆがめる「ダンピング」という違法行為とされるはずで、金融庁は手数料を引き下げさせるのではなく、むしろ「赤字価格での販売をやめよ」と指導すべきです。

いずれにせよ、証券会社がインデックス投資信託を売るだけでは十分な利益を出せないのであれば、顧客を「趣味」であるアクティブ投資信託や「投機」であるFXやデイトレードに誘導せねばならなくなります。これはあまり健全な状態ではないでしょう。

証券会社がインデックス投資信託の販売で利益を出し、その規模が大きくなることで自然に手数料が下がるのが望ましい状態のはずです。世の「NISA本」では「どこの手数料が安いか」をコンマ単位で解説しているものが多いですが、そんなことを教えて、証券会社から見たインデックス投資信託の収益性が悪化すれば、結局ギャンブル性の高い商品に誘導されて被害を受けるのは、投資にあまり興味のないみなさんなので、本書ではあえて「つみたてNISAの対象商品ならどれでもいいよ」というスタンスを取りました。

そりゃあ私だってどの商品の手数料がいちばん安いかは知っていますが、それを買うべきだとは全然、思っていません。買い手よし、売り手よし、世間よし、という三方《さんぽう》よしのマーケットが実現してほしいと思っています。

インデックス投資信託と、それ以外の投資商品は厳格に区別されるべきものです。牧場の乗馬体験コーナーの隣に「お馬さんが好きな人はこちらもどうぞ」と場外馬券売り場があったらおかしいでしょう。

インデックス投資信託を入口としてアクティブ投資信託や果てはFXに誘導していくというのは、それと同じ話です。「うちはインデックス投資信託売ってるだけで十分儲かっているよ」という会社が出てきてはじめて、国民にとって安心できるマーケットになるのだと思います。

いずれにせよ、そこまで投資に興味のないみなさんは、「インデックス投資信託以外の投資はすべきでない」というフレーズだけ覚えていれば一生それで足ります。周囲の雑音に惑わされず、投資の素人が金融のプロや詐欺師から身を守り、金融地獄を生き抜くための偉大かつ（現時点で）唯一の発明である「(全世界株式を基本とした）インデックス投資信託」にコツコツ投資をしていきましょう。日本経済の再興は、みなさんが金融地獄を生き抜いた先にあるといっても過言ではありません。

参考文献

青山直子「インデックスファンドが席巻する日本の投資信託――日本の特異事情と求められるアクティブファンドの活性化――」(一般社団法人投資信託協会、https://www.toushin.or.jp/statistics/Tsumiken/reports-r/、2024)

朝倉智也『投資のプロが明かす 私が50歳なら、こう増やす!』(幻冬舎、2023)

尾河眞樹『為替ってこんなに面白い!』(幻冬舎、2024)

冨島佑允『投資と金融がわかりたい人のための ファイナンス理論入門 プライシング・ポートフォリオ・リスク管理』(CCCメディアハウス、2018)

冨島佑允『現役クオンツがやさしく教える 資産が自動的に増えるインデックス投資入門』(日本実業出版社、2022)

前田昌孝『バフェット解剖 世界一の投資家は長期投資ではなかった』(宝島社、2023)

山崎元「個人の債券投資覚え書き」、トウシル(https://media.rakuten-sec.net/articles/-/41707、2023)

一般社団法人キャッシュレス推進協議会「キャッシュレス・ロードマップ2023」、(https://paymentsjapan.or.jp/wp-content/uploads/2023/08/roadmap2023.pdf、2023)

金融広報中央委員会「金融リテラシー調査（2022年）のポイント」（https://www.shiruporuto.jp/public/document/container/literacy_chosa/2022/pdf/22lite_point.pdf、2022）

経済産業省「2023年のキャッシュレス決済比率を算出しました」（https://www.meti.go.jp/press/2023/03/20240329006/20240329006.html、2024）

厚生労働省「平成21年版労働経済の分析」（https://www.mhlw.go.jp/wp/hakusyo/roudou/09/dl/02_0001.pdf、2009）

財務省財務総合政策研究所（2019）「『デジタル時代のイノベーションに関する研究会』報告書　第9章　韓国の動き」（https://www.mof.go.jp/pri/research/conference/fy2018/digital2018_report09.pdf）

総務省「家計調査　家計収支編　総世帯　詳細結果表2023年　世帯人員・世帯主の年齢階級別1世帯当たり1か月間の収入と支出（総世帯・勤労者世帯）」（https://www.e-stat.go.jp/stat-search/file-download?statInfId=000040140573&fileKind=4、2024）

日本銀行調査統計局「資金循環の日米欧比較」（https://www.boj.or.jp/statistics/sj/sjhiq.pdf、2023）

公益財団法人日本生産性本部「JCSI　日本版顧客満足度指数2023年度第3回調査　詳細資料」（https://www.jpc-net.jp/research/assets/pdf/shosai2023_03.pdf、2023）

著者略歴

我妻佳祐《わがつまけいすけ》

マネックスライフセトルメント代表取締役社長。一九八一年生まれ、山形県米沢市出身。
九九年、京都大学理学部数学科入学。二〇〇六年、京都大学大学院理学研究科
修士課程にて生命保険の研究で修士号を取得する。
同年、金融庁に入庁。保険、証券、企業会計、銀行等、幅広く金融行政に関わる。
一四年、京都大学大学院理学研究科博士後期課程を修了し、
生命保険の研究で博士号を取得。
一九年に金融庁を退官。その後、アクセンチュア等のコンサルティング会社勤務を経て、
二一年に生命保険の買取サービスを提供する株式会社ライフシオンを設立。
二四年よりマネックスグループ株式会社傘下のマネックスライフセトルメント
株式会社にて引き続き生命保険の買取サービスを提供するとともに、
光通信グループ保険事業のアドバイザリーなど、
保険・金融コンサルタントとしても活動中。
仕事などの依頼は keisuke.wagatsuma+irai@gmail.com まで。

幻冬舎新書 745

金融地獄を生き抜け

世界一簡単なお金リテラシーこれだけ

二〇二四年九月二十五日　第一刷発行
二〇二四年十月　十　日　第二刷発行

著者　我妻佳祐
発行人　見城　徹
編集人　小木田順子
編集者　志儀保博

発行所　株式会社　幻冬舎
〒一五一-〇〇五一　東京都渋谷区千駄ヶ谷四-九-七
電話　〇三-五四一一-六二一一(編集)
　　　〇三-五四一一-六二二二(営業)
公式HP　https://www.gentosha.co.jp/

ブックデザイン　鈴木成一デザイン室
印刷・製本所　株式会社　光邦

検印廃止

Printed in Japan　ISBN978-4-344-98747-0 C0295
わ-8-1

*この本に関するご意見・ご感想は、左記アンケートフォームからお寄せください。
https://www.gentosha.co.jp/e/

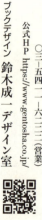